II
Spiritual Messages Open Session:
Steve Jobs Returns

公開霊言 スティーブ・ジョブズ 衝撃の復活

2013 年 11 月 1 日　初版第 1 刷

著　者　　　　大　川　隆　法

発行所　　　　幸福の科学出版株式会社

〒107-0052　東京都港区赤坂 2 丁目 10 番 14 号

TEL(03)5573-7700

http://www.irhpress.co.jp/

印刷　株式会社東京研文社
製本　株式会社ブックアート

落丁・乱丁本はおとりかえいたします
©Ryuho Okawa 2013. Printed in Japan. 検印省略
ISBN978-4-86395-404-5 C0030

Photo: Getty Images

FOREWORD

"This book is really nonsense. Steve Jobs Returns?

Oh! God. I'm not Jesus Christ. Of course, I'm not the Superman or the Steel (?) man. Furthermore, I'm not the "Steal-man," of course. I'm still farming apples in the bottom of Hell called "Microsoft" orthodoxly.

Long long ago, when Eva ate an apple according to Satan's kind advice, she became Goddess. And this Goddess became the mother of Steve Jobs. So, I'm the only son of Goddess — Eva. If you are willing to become crazy, please read this book seriously, and that time, surely, surely, I dare say unto you, you'll attain real "madness." This is the enlightenment of new age."

はじめに

「本書は実にバカげている。スティーブ・ジョブズが復活しただって。そんなアホな。俺はイエス・キリストじゃねえ。もちろん、スーパーマンでもスティール（？）マンでもねえ。もっと言やあ、『泥棒(スティールマン)』ともちがうでえ。俺はまだリンゴ農家をやってんだ。正式には『マイクロソフト』という名で呼ばれている地獄の底でな。

エー、昔々、イヴが悪魔の親切なアドバイスをうけてリンゴを一個食った時、彼女は女神に変身した。そしてこの女神こそがスティーブ・ジョブズの聖母になったってわけよ。わかるかな、俺こそが女神イヴの独り子(ひと)なんだっつうの。もしあんたらが狂いたければ、どうか真剣に本書を読んで下さい。その時に、エヘン、オホン、あえて教えてやるが、真なる『狂気』が得られるであろう。これこそが新時代の悟りなんだ。」

— Steve Jobs said these sacred words spiritually.

Could you really believe me?

October 15, 2013

Master & CEO of Happy Science

Ryuho Okawa

──スティーブ・ジョブズ御霊、聖なる言葉をかく語りき。

　さて、あなたは私の語る言葉を信じられるかな。

2013年10月15日

幸福の科学グループ創始者兼総裁

大川隆法

Contents

FOREWORD 4

1 Holding a Spiritual Interview with Steve Jobs Three Months After His Death 22

A Popular Demand for a Spiritual Interview with Steve Jobs 22

Jobs's Founding of Apple and Financial Success in His Twenties 28

Being Forced to Resign by the Older Executive He Recruited 32

Success at Pixar and Return to Apple 38

Unfortunate Childhood: Adopted at Birth 42

Steve Jobs is a Modern American Genius 44

Jobs Had an Understanding of Spirituality 48

Summoning Steve Jobs, the Founder of Apple 50

目　次

はじめに　　　　　　　　　　　　　　　　　　　　5

1 「死後3カ月のジョブズ」の霊言にトライする　　23

「ジョブズの霊言を聴（き）きたい」というリクエストに応（こた）える　23

コンピュータ会社を起業し、20代で大金持ちになる　29

スカウトした年上の経営者に会社を追い出される　33

ピクサーでの成功、そして、アップルへの復帰　39

「生後、すぐ養子に出される」という不遇（ふぐう）な生（お）い立ち　43

現代のアメリカに出た「天才」の一人　45

「スピリチュアルなもの」への理解もあったジョブズ　49

アップルの創業者スティーブ・ジョブズを招霊（しょうれい）する　51

2 I Don't Need Marketing 56

Audience, Thrilled by the Return of Jobs and His Humor 56

iPod and iPhone are Already Old-Fashioned 66

Beautiful Products Don't Need Marketing 72

3 If You Want to Change the World, Just Be Crazy 82

Secrets to Great Presentations: The Jobs Way 82

If Jobs Gave a Presentation on the Spirit World... 90

Key Words for Innovation: "Simple" and "Be Crazy" 96

Supplying Tools for Creativity, Not Functionality 102

Could Wearing Cheap T-Shirts Help You Be Creative? 108

2 「私にはマーケティングが必要ない」 57

ユーモアたっぷりの「ジョブズ復活」に沸く聴衆 57

iPod（アイポッド）や iPhone（アイフォーン）は「もう時代遅れ」？ 67

美しい製品にマーケティングは要らない 73

3 「世界を変えたければ、ただクレージーになれ」 83

ジョブズ流・プレゼンテーションの秘訣を訊く 83

ジョブズが
「霊界のプレゼンテーション」をしたら？ 91

イノベーションのキーワードは
「シンプル」＆「クレージー」 97

「機能的な道具」よりも
「創造的になるための道具」の提供を 103

「安物のTシャツ」に着替えれば、
クリエイティブになれる？ 109

4 I Just Wanted to Create This Universe   112

Jobs on Past Life: "Maybe I was a Beautiful Lady"   112

"Apple Computer Should Supply 'Mad' Instead of 'Mac'"   118

Is Newton's Apple the Origin of Apple Computer?   124

5 "After the Mouse Comes a Cat"   134

"The Cat" is the Key to Selecting Valuable Information   134

Media that Elevates Our Enlightenment   144

When Jobs was Alive, He Knew of Master Okawa   146

"The Future of IT is Contact with Aliens"   152

4 「私は、宇宙を創りたかっただけだ」 　　　　113

過去世(かこぜ)は「美しい女性」だったかも？ 　　　　113

アップルは、マックの代わりに"マッド"を提供すべき 　　119

アップルコンピュータの起源は
「ニュートン」にあり！？ 　　　　125

5 「ネズミのあとには、ネコが来る」 　　　　135

よき情報選択(せんたく)のカギは「キャット」 　　　　135

「悟(さと)りを高めるためのメディア」はありえるか 　　145

「マスター・オオカワ」のことは生前から知っていた 　　147

「ＩＴの未来」は宇宙人とのコンタクト 　　　　153

6 Jobs is Guiding All "Apple Farmers" Around the World — 160

The Real Reason for His Early Death at Fifty-Five — 160

Past Life of Jobs: Take 2 — 166

7 Electronics Should Not Become the Enemy of Religion — 174

8 Closing Comments for the Spiritual Messages from Steve Jobs — 180

Jobs: Free Spirit and an Eternal Innovator — 180

His Spirit Tends to Be Interested in Creating Products Rather Than Gaining Profits or Knowledge — 186

Jobs Plans to Create Something that Will Make Our Lives Easier — 194

The Spiritual Message Showed Us a Half Step into the Future — 200

6 「今、世界中の"リンゴ農家"を指導している」　161

55歳で早逝した本当の理由は？　161

改めて「ジョブズの過去世」を訊く　167

7 「電子機器は、宗教の敵になってはいけない」　175

8 「スティーブ・ジョブズの霊言」を終えて　181

ジョブズは「自由人」であり、「永遠のイノベーター」　181

「お金儲け」や「知識」よりも、
「ものづくり」に関心がある魂　187

今、ジョブズが構想しているのは
「人間の作業を楽にするもの」　195

半歩先の未来が見えた「今回の霊言」　201

This book is the transcript of a spiritual interview with Steve Jobs. During this interview, the spirit spoke in English while the interviewers spoke in Japanese. Part I includes the Japanese translation of the spirit's words, while Part II contains the spirit's original words in English, and the English translation of the interviewers' words.

These spiritual messages were channeled through Ryuho Okawa. However, please note that because of his high level of enlightenment, his way of receiving spiritual messages is fundamentally different from other psychic mediums who undergo trances and are completely taken over by the spirits they are channeling.

It should be noted that these spiritual messages are opinions of the individual spirits and may contradict the ideas or teachings of the Happy Science Group.

本書は、スティーブ・ジョブズの霊言を収録したものである。今回、霊人の発言は英語にて行われた。第Ⅰ部は、それを日本語に翻訳したものである。霊人のオリジナルの発言は、第Ⅱ部に、日英対訳形式で収録している。

　「霊言現象」とは、あの世の霊存在の言葉を語り下ろす現象のことをいう。これは高度な悟りを開いた者に特有のものであり、「霊媒現象」（トランス状態になって意識を失い、霊が一方的にしゃべる現象）とは異なる。

　ただ、「霊言」は、あくまでも霊人の意見であり、幸福の科学グループとしての見解と矛盾する内容を含む場合がある点、付記しておきたい。

II
Spiritual Messages Open Session:
Steve Jobs Returns

January 11, 2012, at Happy Science General Headquarters
Spiritual Messages from Steve Jobs

Spiritual Messages given in English

Steve
Jobs

公開霊言

スティーブ・ジョブズ
衝撃の復活

Act different.

本霊言は、2012年1月11日(写真上・下)、幸福の科学総合本部にて、
質問者との対話形式で公開収録された。

はじめに

「本書は実にバカげている。スティーブ・ジョブズが復活しただって。そんなアホな。俺はイエス・キリストじゃねえ。もちろん、スーパーマンでもスティール（?）マンでもねえ。もっと言やあ、『泥棒（スティールマン）』ともちがうでえ。俺はまだリンゴ農家をやってんだ。正式には『マイクロソフト』という名で呼ばれている地獄の底でな。

エー、昔々、イヴが悪魔の親切なアドバイスをうけてリンゴを一個食った時、彼女は女神に変身した。そしてこの女神こそがスティーブ・ジョブズの聖母になったってわけよ。わかるかな、俺こそが女神イヴの独（ひと）り子なんだっつうの。も

あんたらが狂いたければ、どうか真剣に本書を読んで下さい。その時に、エヘン、オホン、あえて教えてやるが、真なる『狂気』が得られるであろう。これこそが新時代の悟りなんだ。」

——スティーブ・ジョブズ御霊、聖なる言葉をかく語りき。

さて、あなたは私の語る言葉を信じられるかな。

二〇一三年　十月十五日

幸福の科学グループ創始者兼総裁　大川隆法

目次

まえがき 1

第Ⅰ部（日本語訳）
公開霊言 スティーブ・ジョブズ 衝撃の復活
二〇一二年一月十一日　スティーブ・ジョブズの霊示
東京都・幸福の科学総合本部にて

1 「死後三カ月のジョブズ」の霊言にトライする 11
　「ジョブズの霊言を聴きたい」というリクエストに応える 11
　コンピュータ会社を起業し、二十代で大金持ちになる 14

スカウトした年上の経営者に会社を追い出される 17
ピクサーでの成功、そして、アップルへの復帰 21
「生後、すぐ養子に出される」という不遇な生い立ち 22
現代のアメリカに出た「天才」の一人 24
「スピリチュアルなもの」への理解もあったジョブズ 25
アップルの創業者スティーブ・ジョブズを招霊する 27

2 「私にはマーケティングが必要ない」 30
ユーモアたっぷりの「ジョブズ復活」に沸く聴衆 30
iPod（アイポッド）やiPhone（アイフォーン）は「もう時代遅れ（おく）」？ 37
美しい製品にマーケティングは要らない 40

3 「世界を変えたければ、ただクレージー（い）になれ」 47
ジョブズ流・プレゼンテーションの秘訣（ひけつ）を訊（き）く 47

ジョブズが「霊界のプレゼンテーション」をしたら？

イノベーションのキーワードは「シンプル」＆「クレージー」 55

「機能的な道具」よりも「創造的になるための道具」の提供を 58

「安物のTシャツ」に着替えれば、クリエイティブになれる？ 62

4 「私は、宇宙を創りたかっただけだ」 69

過去世は「美しい女性」だったかも？ 69

アップルは、マックの代わりに"マッド"を提供すべき 72

アップルコンピュータの起源は「ニュートン」にあり!? 77

5 「ネズミのあとには、ネコが来る」 84

よき情報選択のカギは「キャット」 84

「悟りを高めるためのメディア」はありえるか 92

「マスター・オオカワ」のことは生前から知っていた 93

第II部 （英語・日本語訳付き） 巻末より

「ITの未来」は宇宙人とのコンタクト 97

6 「今、世界中の"リンゴ農家"を指導している」

五十五歳で早逝した本当の理由は？
改めて「ジョブズの過去世」を訊く 105

7 「電子機器は、宗教の敵になってはいけない」 112

8 「スティーブ・ジョブズの霊言」を終えて 117

ジョブズは「自由人」であり、「永遠のイノベーター」 117
「お金儲け」や「知識」よりも、「ものづくり」に関心がある魂 120
今、ジョブズが構想しているのは「人間の作業を楽にするもの」 124
半歩先の未来が見えた「今回の霊言」 127

本書は、スティーブ・ジョブズの霊言を収録したものである。今回、霊人の発言は英語にて行われた。第Ⅰ部は、それを日本語に翻訳したものである。霊人のオリジナルの発言は、第Ⅱ部に、日英対訳形式で収録している。

「霊言現象」とは、あの世の霊存在の言葉を語り下ろす現象のことをいう。これは高度な悟りを開いた者に特有のものであり、「霊媒現象」（トランス状態になって意識を失い、霊が一方的にしゃべる現象）とは異なる。

なお、「霊言」は、あくまでも霊人の意見であり、幸福の科学グループとしての見解と矛盾する内容を含む場合がある点、付記しておきたい。

公開霊言

I スティーブ・ジョブズ 衝撃の復活

二〇一二年一月十一日 スティーブ・ジョブズの霊示
東京都・幸福の科学総合本部にて

スティーブ・ジョブズ (一九五五〜二〇一一)

アメリカの実業家。アップル社の創業者の一人。一九七六年、アップルコンピュータ社を設立。個人向けのコンピュータを開発・販売して成功を収め、二十代で巨富を築く。八五年、会社を離れるも、ピクサー社で映画を大ヒットさせ、九七年、アップル社に復帰。CEO（最高経営責任者）となり、iPod（アイポッド）など、独創的な製品を次々と開発して大ヒットさせた。強い個性を持ったカリスマ性の高い経営者として知られる。

質問者

鶴川晃久（幸福の科学専務理事 兼 事務局長）
三宅早織（幸福の科学理事 兼 精舎活動推進局長）
林 洋甫（幸福の科学理事 兼 IT伝道局長）

［質問順。役職は収録時点のもの］

1 「死後三カ月のジョブズ」の霊言にトライする

「ジョブズの霊言を聴きたい」というリクエストに応える

大川隆法　先日（二〇一二年一月八日）、東京正心館で『不滅の法』（幸福の科学出版刊）の講義をしたあと、会場の参加者に「今後希望する説法」等を募ったところ、一番目に「スティーブ・ジョブズの霊言」が出てきました。

確かに、去年（二〇一一年）十月に亡くなったばかりであり、世界的に非常に有名な人でもあるので、「死後、どうなったのだろうか」という関心を持っている方は多いかと思います。ファンであれば、訊

きたいこともたくさんあるのではないでしょうか。

そこで、今日は、相手として少し難しそうな感じはしますが、いちおうトライしてみるつもりです。

ただ、亡くなられてから、それほど日がたっていないため（十月五日）、死後の居場所がどのへんであるかはまだよく分からないでしょうし、「おそらく、日本語での霊言は難しいのではないか」という感じもしています。本人の霊格が非常に高く、天上界にスッと行っている場合には日本語でもできますが、まだ、日本語を認識して"変換"できるところまでは来ていないと思われるのです。今回は、英語になる可能性が高いのではないでしょうか。

彼は、アメリカ西海岸サンフランシスコ訛りの、早口の英語を話し、とても気が短いらしいので、通訳を入れて話をしようとすれば、怒り

1 「死後三カ月のジョブズ」の霊言にトライする

始める可能性がないとも言えません。そのへんが非常に難しいところです。

また、私には、デジタル家電の知識はあまりありませんし、そのあたりの英単語の語彙も十分にはありません。そのため、話の内容が、製品の性能や使い道、同業他社のものとの違い等になってくると、もしかしたら、クラシカルなビジネス英単語しか使えない可能性があります(笑)。

場合によっては、「最先端のデジタル家電をやっていた人の英語にしては、すごく古くさい単語を使っているな」というように感じられる部分もあるかもしれませんが、もし、そうなったら、そのへんはお許し願いたいと思います。

私としては、「技術者としてのスティーブ・ジョブズ」のほうに突っ

大川隆法

コンピュータ会社を起業し、二十代で大金持ちになる

スティーブ・ジョブズは、一九五五年二月二十四日生まれで、私より一つほど年上です。

彼が仕事を始めるきっかけとなったのは十三歳(さい)ごろのアルバイトで、その後、アップルという会社をつくったのは二十一歳のときでした。コンピュータの組み立ては自宅のガレージで始めたようです。彼より五つぐらい年上で、「もう一人のスティーブ」と呼ばれるコンピュー

っ込(こ)んでいくのは、やはり無理なような気がします。ただ、この人は、「創造性」ということに非常に関心のあった方ではあるようなので、できれば、そちらのほうで、われわれにとっても何か参考になることを得られればと思います。

1 「死後三カ月のジョブズ」の霊言にトライする

タの設計が上手な天才的な人(スティーブ・ウォズニアック)がいたのですが、その人と一緒に取り組んだのがアップルの始まりでした。最初のコンピュータがある程度当たり、さらに、一九七七年には、後継機の「アップルⅡ」が発売されていますが、それは、私の大学時代のことです。

その後、私は、商社に入り、レーガン政権が始まったころアメリカへ渡ったのですが、当時のアメリカは、アップルⅡの最盛期でした。まだ日本の会社では使われていなかったため、アメリカへ行ったとき、「これは何ですか」と訊いたところ、「アップルⅡを知らないのか」とバカにされたのをはっきりと覚えています。彗星のごとく現れて急に有名になったものだったので、ついていけなかったわけです。

私が東大の学生だったころには、駒場の大時計台の下に、巨大なコ

ンピュータが一台あっただけで、統計学の授業を取る人のみ、触ってもよいことになっていましたが、一般の学生が触る機会はほとんどない時代だったので、「これがアップルⅡです」と言われても、「ああ、そんなものですか」という感じだったのです。

ただ、それは、みなさんが今、使っているようなコンピュータとは違い、奥行きのあるブラウン管テレビぐらいのモニターが載っているものでした。

それでも、「すごい新商品だ」ということで、世を席巻し、スティーブ・ジョブズの名前はかなり有名になっていました。

私が日本に帰ってくる直前には、「次は『マッキントッシュ』が発売される」という噂が流れていて、名前を聞いた覚えがあります。そのあと、一九八四年に発売されたのではないかと思います。

スカウトした年上の経営者に会社を追い出される

大川隆法　このあたりで、スティーブ・ジョブズの"神話"のようなものがかなり出来上がりつつありました。二十代で、すでに大金持ちになっていたのです。

ただ、マッキントッシュや、リサ（Lisa）という、娘の名前を付けたコンピュータを出したあたりで、経営状態が危なくなっています。

要するに、大きくなりすぎて、経営ができなくなっていたのです。

「ガレージから始めたベンチャー企業だったけれども、人を雇って会社を経営するとなると、もうできなくなってきた。やはり、誰かベテランを呼ばなければ、これ以上の会社の発展には耐えられない」とい

うことで、ペプシコーラの会社の責任者だったジョン・スカリーという人をスカウトしました。

スカリーは、ジョブズよりもだいぶ年上で、二十歳近く離れていたと思います。まだ二十代の終わりぐらいだったジョブズは、その人に経営のほうをさせようとしたわけです。

ところが、ツートップは、やはりうまくいかず、経営から身を引くよう要求されるようになりました。ジョブズには、あまりにもマネジメントの知識がなさすぎたため、「会社の運営に不適」と判断されたのです。

スカリーと仲良くやっていた蜜月時代もあったのですが、たちまち喧嘩になり、取締役会で、創業者のジョブズが追い出されるという結果になったのです。

1 「死後三カ月のジョブズ」の霊言にトライする

そのころ、会社は経営不振に陥っていました。ジョブズには、マーケティングや財務などの知識がなく、経営ができないのに、口を出させるといくらでもやってしまうため、「もう口を出させるな」ということで、結局、追い出されるかたちでアップルを辞めさせられたわけです。

それから、ジョブズは「流浪の旅」に出ます。このあたりは、昔の英雄伝説のようですが、ジョブズも、いったん名を上げたあと、〝都落ち〟し、「流浪の旅」に出て、やがてまた帰ってくることになりました。

私も、当時のことはよく覚えています。
というのも、私のほうも、ちょうど一九八六年に幸福の科学を始めたばかりで、八七年、八八年、八九年とやっていったものの、やはり

運営は難しく、自分よりもかなり年上の方を幹部に使っていたからです。

そのころ、CEOのスカリーが本を出し、「アップルを立て直した」ということで、非常に有名になりましたが、私も、年上の難しい人たちを使っていたので、その本を見たときに、「ああ、嫌な感じだな」と思った覚えがあります。

当会も、自分の力が足りず、経験のある人を使わないと、なかなか運営ができなかったのですが、ジョブズが会社を追い出され、スカリーに乗っ取られたのを見て、「嫌なイメージだな。早く当会も成長しないといけない」と思ったわけです。そのことを強く記憶(きおく)しています。

ピクサーでの成功、そして、アップルへの復帰

大川隆法

　その後、ジョブズがCEOになったコンピュータソフトのピクサーという会社は、ディズニーと組んで、コンピュータ・グラフィックスを使ったリアリティーのある映像のアニメ映画をつくるようになり、やがて一九九五年には大ヒットします。
　ピクサーの作品は、「ファインディング・ニモ」につながるシリーズなどが有名です。また、「ジュラシック・パーク」のCG制作にも一部関係しています。
　そのあたりで有名になって、もう一回、盛り返してくるのです。
　そして、一九九六年には、アップル社に約十年ぶりに呼び戻されます。三十歳のときに追い出されるのですが、外部で成功し、四十歳で

大川隆法

また帰ってくるのです。

その後、みなさんもご存じの「iMac」や「iPad」「iPod」など、新しいものを出してヒットさせています。

去年、新商品を発売した直後にもかかわらず、役員の辞任を発表したので、「変だな」と思っていましたが、病気ですぐに亡くなってしまいました。

「生後、すぐ養子に出される」という不遇な生い立ち

スティーブ・ジョブズの生まれは、けっこう不遇です。

アメリカで生まれていますが、父親がイスラム圏の人だったため、身内から結婚を許されず、出産後、すぐに養子に出されています。

母親は、養子に出す条件として、「大学を出ていて、きちんと教育

してくれる人」という条件を付けましたが、結局、そういう相手のところには行かず、車の修理をしている人のところへ行くことになります。「きちんとお金を貯めて、大学にはやるから」という約束で、泣く泣く引き渡したような状況だったらしいのです。

また、幼いころ、養子に出されたことは、「心の傷」としてかなり残っていたようです。両親も、それを隠さなかった方であったため、本人も、わりに早いうちから知っていました。

そのせいか、恋人に子供ができても、「自分の娘だ」と、なかなか認知しませんでした。ただ、あとになって認知し、娘さんがハーバード大学に入るまで、一緒に暮らしたようではあります。

いずれにしても、家庭環境として、そういう問題はあったようです。

現代のアメリカに出た「天才」の一人

大川隆法

　大学は、リード大学というところに入りますが、授業が面白くなくて、勉強することもなく、すぐに中退しています。ただ、その後も、カリグラフィー（文字を美しく書く技術）という、アート系のクラスを聴講し、十八カ月間ほど大学にかかわっていたようです。

　このジョブズと、ほとんど同期というか、同い年ぐらいに、ビル・ゲイツその他、錚々たるメンバーがいますが、最初は、ジョブズが、いわば「帝王」、ビル・ゲイツが「大臣」という関係であって、ジョブズのほうが先発でした。

　私がアメリカにいたころ、マイクロソフトは、まだ、その名前どおり、小さい印象があって、「巨人IBMに使ってもらうだけでもあり

大川隆法

がたい」というような会社だったのですが、たちまちのうちに大きくなり、あれよあれよという間に、立場が逆転してしまったのです。

いずれにせよ、彼らが現代のアメリカに出た天才たちであることは、間違いありません。「学業を終えるまで待っていられず、時流を見逃さずに事業を始め、コンピュータ開発の波に乗って成長した」という意味では、ある程度、時代精神を体現している方々であろうと思います。

「スピリチュアルなもの」への理解もあったジョブズ

こういう人から何が引き出せるかは分かりませんが、スティーブ・ジョブズの言葉として、例えば、「スターバックスが売っているものは、コーヒーではなく、職場でも家庭でもない『第三の場所』だ。そ

れと同じように、アップルが売っているものも、コンピュータではなく、『人間の可能性を解放するツール』なのだ」というものがあります。

そういうコンセプトを持ってやっていて、一種の「グル」(導師)というか、精神的指導者のようなところもあったほうのようです。

また、インド系の新宗教等にかぶれ、ヨガや瞑想などをやり始めていたジョブズは、大学を中退したあと、いったんは、五十人ぐらいの小さな会社に無理やり押し込むかたちで就職したのですが、すぐにインドへ七カ月ほど行っています。そういう意味では、意外に、接点はあるかもしれません。

さらには、日本人の禅の師匠のもとで学び、その後も禅をずっとやっていたようなので、スピリチュアルなものを、ある程度、理解でき

アップルの創業者スティーブ・ジョブズを招霊する

大川隆法　私と一歳違いの方ではありますが、「世界的に名を成し、この世を去った」ということでは、少しうらやましいような感じもします。

「ああいうふうに、世界中でバアーッと売れるような経験をしてみたいな」とも思うのですが、相変わらず、文系の"しがない仕事"をコツコツと積み上げているような状況です。世界中で同時に何千万台も何億台も売れるようなことはまだありませんので、「少しさみしいな」とは思っています。

さあ、どのくらいの人でしょうか。今日は、それを確かめてみたい

る人ではないかと思います。ただ、それが、どれほど宗教性を持ったものであるかは、実際に聞いてみないと分かりません。

と思います。

今回、おそらく、日本語は無理でしょう。まあ、慣れてきたら途中で切り替わるかもしれませんがね。

ところで、鶴川さんは、英語がペラペラですよね？　以前、ニューヨーク支部長を三日ほどやりましたものね（笑）。

鶴川　いえ、厳しいですね。今日は、日本語で行かせていただきたいと思います。

大川隆法　それでは、これから呼んでみます。

（瞑目し、しばらく深呼吸をしたのち、両手を胸の前で交差させる）

28

1 「死後三カ月のジョブズ」の霊言にトライする

昨年亡くなられたアップルコンピュータのスティーブ・ジョブズさんの霊をお呼び申し上げたいと思います。
スティーブ・ジョブズの霊よ。スティーブ・ジョブズの霊よ。どうか、幸福の科学総合本部に降りたまえ。
スティーブ・ジョブズの霊よ。スティーブ・ジョブズの霊よ。どうか、幸福の科学総合本部に降りたまえ。

(約二十秒間の沈黙)

2 「私にはマーケティングが必要ない」

ユーモアたっぷりの「ジョブズ復活」に沸く聴衆

ジョブズ　うん？　私に何が起きたのだろう？

鶴川　おはようございます。

ジョブズ　うん？

鶴川　アップル創業者のスティーブ・ジョブズ様でいらっしゃいますか。

ジョブズ　前CEO（最高経営責任者）。そうだ。

鶴川　本日は、日本の宗教団体である幸福の科学の総合本部に、霊言というかたちでお越しいただき、本当にありがとうございます。

ジョブズ　え？　え？　何の科学？

鶴川　幸福の科学です。

ジョブズ　幸福の科学？　ああ、幸福の科学ね。それは、どういう科学なんだい？

鶴川　宗教団体です。

ジョブズ　どうして？　そして、科学なの？　おお、素晴らしい！

鶴川　「見えない世界を科学的に探究していく」という意味において、私たちは、スティーブ・ジョブズさんの未来を創造していく仕事と、同じ仕事をさせていただいている者だと思っております。

ジョブズ　本当に？　どういった感じの創造性なんだ？

鶴川　私たちは、未来の科学、未来の思想、未来の経済、未来の政治など、

あらゆるものを、エル・カンターレ、大川隆法総裁の思想に基づいてつくろうとしています。

ジョブズ　うーん！　「君たちは、違う考え方をするタイプの人々だ」ということは分かる。そうだよね？　私たちは同じかい？

鶴川　はい。同じです。

ジョブズ　基本が？

鶴川　はい。

ジョブズ　うーん。

鶴川　今日は、こうした奇跡の機会を頂き、ありがとうございます。スティーブ・ジョブズさんが亡くなられて、今、世界中の人々が非常に悲しんでいて、日本でも追悼番組を流したり、いろいろな書籍が発刊されたり、一種のブームが起きております。

ジョブズ　いや、いや、違う。笑っているよ。ビル・ゲイツは笑っているんだよ。

鶴川　（笑）（会場笑）

今日は、さまざまなアドバイスを頂きたいと思っております。

ジョブズ　君たちは"科学"で、アドバイスが必要なの？　うーん。宗教的科学というのは、さっぱり分からないけどね（笑）。ヨガや瞑想は知っているよ。でも、あなたも知っているよね。霊的な考えを私に教えてくれないとね。

鶴川　（笑）分かりました。

ジョブズ　あなたは、私のメンター（指導者）、あるいは、グルかもしれない。

鶴川　今日は……。

ジョブズ　君は菜食主義者だね（会場笑）。

鶴川　あなたこそ菜食主義者ですよね。私は知っていますよ（笑）。

ジョブズ　君もか。

鶴川　いいえ（笑）。

ジョブズ　君はとても細いし、菜食主義者だろう？

鶴川　噂（うわさ）どおりユーモアがとってもお上手ですね。今日は、楽しい一日になりそうです。

ジョブズ　ああ、ありがとう。

鶴川　iPodやiPhoneは「もう時代遅れ」？
　　　今、世界中の方が、スティーブ・ジョブズ様に、何か一つ訊きたいと言えば、おそらく……。

ジョブズ　リンゴかな？「リンゴを食べますか」「リンゴは好きですか」、みんな、そのことを訊くね。

鶴川　そのとおりですね。

ジョブズ　（笑）（会場笑）

鶴川　そのとおりです。アップルの製品は、アップルIから始まり、マッキントッシュ、そして、最近では、iPhoneやiPad、iPod、iTunesなど、独創的な商品に満ち満ちています。

ジョブズ　それは、もう時代遅(おく)れのものなんだよ。創造性とは、新しいものだ。

鶴川　今日は、まず、その独創的な発明の秘訣(ひけつ)、創造性の秘訣をお教えいただければと思っておりますので、よろしくお願いします。

38

ジョブズ　人と違う考え方をすることだ。「シンク・ディファレントリィ」ではない。「シンク・ディファレント」だ。

鶴川　私が思うに、コンピュータは、生活のなかで非常に便利なものではありますけれども、一方で、考えることを失ったり、情報に溺れてしまったりする危険性があると思います。

しかし、それをつくられているスティーブ・ジョブズ様は、非常にクリエイティブな頭脳を持っていらっしゃいます。それは、先ほど少しおっしゃっていたように、ヨガやメディテーションという、スピリチュアルな時間を取られていたからではないでしょうか。そこが秘訣ではないかと思うのですが、いかがでしょうか。

ジョブズ　この世には、たくさんの電子機器が溢れているけれども、今は、新しいものや、創造的なものはないよね。新製品の洪水のなかで、創造的なものを見つけるのは、かなり難しくなっている。

鶴川　美しい製品にマーケティングは要らない

　私が伝記を読み、面白いと思ったのは、商品を開発するに当たって、マーケティングをなるべく度外視されていたことです。「ご自身が『面白い』と思うものをつくり出し、売って、それで世界中に広げていく」というプロセスは、非常に独創的だと思ったのですが、どのようなポリシーがおありだったのですか。

ジョブズ　マーケティングかい？　マーケティングのことはよく分からない。

私は、面白いことを考えているだけだ。それだけだよ。

鶴川　本当に、そうですか。謙遜(けんそん)されて、そうおっしゃっているのでしょうか。

ジョブズ　ビル・ゲイツは、マーケティングのことをよく分かっているはずだ。というのは、彼の製品は全然美しくないからね。しかし、私の製品はとても美しい。だから、彼にはマーケティングが必要だが、私にはマーケティングが必要ないんだ。人々は私の製品に惹(ひ)かれるから、私にはマーケティングが要(い)らない。ハハハ。

鶴川　私たちも、そこが人気の秘密だと思っています。「リード大学を中

ジョブズさんの経営や開発にもは、商品の芸術性や美しいフォルムなどにも生かされている」と聞いておりますが、ジョブズさんの経営や開発においては、この「美しさ」という観点がキーワードだったのではないでしょうか。

「美しさ」と「好奇心」という、これら二つの言葉は、非常に近い関係にある。インドに惹かれるような人々は、好奇心について考えがちだ。言葉を換えれば、悪い言葉だけれど、クレージー（変わり者）ということだね。「クレージーになる」ということは、「好奇心を持つ」ということで、それが人間の心の美しさにつながるんだ。分かるかな？

「クレージーになる」ということは、
「好奇心を持つ」ということで、
それが
人間の心の美しさにつながるんだ。

To be crazy is
to be curious,
and
that's the beauty of
the human mind.

ジョブズ　もし、君たちが、ビジネスではないけれども、科学的な宗教というもので成功したいなら、美しくなければいけないし、何かに対してクレージーでなければいけない。

鶴川　（笑）すごい〝ご教示〟を頂き、ありがとうございます。

ジョブズ　君はそんなにクレージーではないが、そのピンクのシャツだけがクレージーだね（会場笑）。

鶴川　（笑）

鶴川　（笑）たいへんありがとうございます。

ジョブズ　ただ、その美しさというものが、他の多くの電子機器と比べて優(まさ)っていたと思います。「アップル社の製品は、ブランド力が高くて、値段が落ちない」という意味において、それは、経営に成功された要因の一つだったのではないでしょうか。

鶴川　それは、別の人の仕事だね。価格や利益については知らない。そういうことは気にしないんだ。確かに、「給料を一ドルしかもらっていなかった」という話は、非常に有名です。

ジョブズ　私は、子供のように、ただ遊んでいるだけだよ。

鶴川　「子供のように」ですね。分かりました。さて、私だけ話をしていてはもったいないですし、今日は、ここに、ジョブズさんの熱狂的なファンもおりますので、二人からも、いろいろと訊いていただきたいと思います。よろしくお願いします。

ジョブズ　おお、助けてください（会場笑）。困ったな。

3 「世界を変えたければ、ただクレージーになれ」

ジョブズ流・プレゼンテーションの秘訣を訊く

三宅　初めまして。こんにちは。私は、幸福の科学の精舎活動推進局というセクションで仕事をしている三宅と申します。よろしくお願いいたします。

ジョブズ　ショウ……、ジャ？

三宅　はい、精舎（幸福の科学の研修施設）です。

ジョブズ　ショウジャ、ショウジャ。オーケー？

三宅　はい。

ジョブズ　私は、スティーブ・ジョブズさんの大ファンです。私の家には、小学生のときからiMac（アイマック）があり、今でも多用しております。それから、iPod nano（アイポッドナノ）とか……。

三宅　君は英語を話せるんだろう？

いえ（笑）。

3 「世界を変えたければ、ただクレージーになれ」

ジョブズ　うーん。君の日本語は違う。

三宅　（笑）日本語を理解されていますね？

ジョブズ　君は、英語を上手に話せるはずだ。

三宅　いえいえ。

ジョブズ　（しゃべって）見せてください。君は英語を話し、私は日本語を話す。クレージーで、好奇心をそそって、美しくて、素晴らしい！　アハハハ。

三宅　（笑）楽しいですね。私にも、少し〝クレージー〟な部分があるのですが……。

ジョブズ　分かる。分かる。そうだろうと思う。

三宅　それから、今日は、茶封筒を持ってきたのですけれども……（掲げて、見せる）。

ジョブズ　タブー？

三宅　封筒です。
　　　ジョブズさんは、生前、茶封筒を使ってプレゼンテーションされた

ジョブズ　のを覚えていますでしょうか。思い出していただこうと考え、持ってきたのですが。

君は誰？

三宅　あのー、幸福の科学の三宅です（会場笑）（笑）。

ジョブズ　私の娘ではなく？

三宅　「MacBook Air（マックブックエア）というノートパソコンを茶封筒から出して、いかに薄いかということをプレゼンテーションした」と聞いておりますが、そのプレゼンテーション能力は、本当にすごいと思います。

ジョブズ　ああ、そう、プレゼンテーションね。

三宅　ジョブズさんに関する本で、日本でベストセラーになったものに、プレゼンテーションについての本がありました。

ジョブズ　アハハハ。ハハハハ。

三宅　そのプレゼンテーション能力の秘訣とは何だったのでしょうか。
「製品を知り尽くし、愛して、最高のプレゼンテーションをする」ということだったと思うのですが、何か秘訣等がございましたら、教えてください。

ジョブズ　"人と違う行動をすること"。
これが、よいキャッチフレーズだ。

"人と違う行動をすること"。
これが、よいキャッチフレーズだ。

"Act different."
It's a nice catchphrase.

3 「世界を変えたければ、ただクレージーになれ」

ジョブズが「霊界のプレゼンテーション」をしたら？

三宅　今、もし、霊界にいらっしゃいましたら、「霊界についてのプレゼンテーション」をしていただけたらと思うのですが。

ジョブズ　（約十五秒間、考え込む）

私のプレゼンテーションは、（机の上のコップを手に持って）ただ、このグラスを君に投げて、君を〝死なせる〟ことだ。そうすれば、君には別の世界（霊界）が見える。

三宅　お上手ですね（笑）。私には、まだ、こちらでのお仕事が残っておりますので……。

逆に、ジョブズさんからプレゼンテーションしていただけると思うのです。世界中の人々に、興味を持って聴いていただけると思うのです。

ジョブズ　とても難しい。私は、イエス・キリストではないので、そういった仕事（霊界の説明等）はしていないんだ。スティーブ・ジョブズは、スティーブ・ジョブズだ。私はスティーブ・ジョブズであり、イエス・キリストではない。

ただ、今、私か、ビル・ゲイツかが、"新年のイエス・キリスト"になるべきだと思う（注．収録は新年だった）。ハハハ。そう願うよ。ハハハ。

三宅　ビル・ゲイツさんとは、とても仲がいいと言いますか、犬猿（けんえん）の仲（なか）と

3 「世界を変えたければ、ただクレージーになれ」

ジョブズ　言いますか、映画「バトル・オブ・シリコンバレー」では、お二人の関係が非常に面白く、刺激的に描かれていたと思います。実は、幸福の科学は、そのビル・ゲイツさんの守護霊様から、「ビル・ゲイツによる世界経営祈願」を頂いています。

三宅　本当? ああ、それは駄目だ。

ジョブズ　(笑) そして、霊的にご指導いただいているのですが、スティーブ・ジョブズさんにおかれましては、今、世界的に、何かをご指導されているとかいうことはありますでしょうか。

ジョブズ　私が関心を持っているのは、"リンゴの栽培"だけかな。だから、

三宅　私は〝農民〟だよ。

三宅　「フルーツがとても好きだった」と聞いておりますし、「アップルのマークも、トマトに見られないように、少しかじったかたちにした」ということも聞いておりますし（笑）。
イノベーションのキーワードは「シンプル」＆「クレージー」

三宅　あのー、少し話を戻しまして、創造力と言いますか……。

ジョブズ　君は賢すぎるんじゃないかな。天才だね。

三宅　そんなことはございません。私は、ジョブズさんの創造力やイノベ

58

ジョブズ

ーション力には、とても並外れたものがあると思っております。
「それまでのやり方や古い考え方にとらわれずに、常に新しいものを創造していく。例えば、iPod miniが成功したとしても、それを捨てて、nanoに行く」ということをされたりしています。
とにかく、「選択と集中」を行いながら、「シンプルに物事を考えていく」ということをしていたと思うのですが……。

三宅

「シンプル」、そう、それが、まさにキーワードだ。

ただ、その過程では、やはり、周りからの軋轢（あつれき）や批判などが、たくさんあると思います。そのなかで、強い個性を生かしながら、たぐいまれなる情熱と行動力で、物事を創造していく秘訣、実行していく秘

訣とは何でしょうか。それについてお教えいただければと思います。

ジョブズ　ただクレージーになることだ！　何かにクレージーになることだよ。そして、君が言ったように、「シンプルさ」が大事なんだ。イノベーションを図る(はか)とき、「シンプルさ」を忘れがちだが、それが問題だ。私たちの世界、ビジネスの世界の年配の人たちには、複雑に考えすぎる傾向(けいこう)がある。それが問題だね。

「シンプルさ」とは、「美しさ」なんだ。

三宅　「アップルは、そのシンプルさが製品一つ一つに表れているな」と、本当に感じております。

昨年末、私の母にiPod nanoを買ってあげたら、「本当に使

60

「シンプルさ」とは、「美しさ」なんだ。

Simplicity is beautiful.

ジョブズ　"天才"の母が？

三宅　そうだとしたら、世界のすべての方々が「天才」になってしまうのですけれども……。

「機能的な道具」よりも「創造的になるための道具」の提供をまあ、そういうことで、一つ一つのものをシンプルにつくられていると思うのですが、そのなかには、やはり、潜在（せんざい）ニーズと言いますか、お客様の創造性を引き出す力があったのではないかと思います。

三宅　いやすい」と言っていました。すごくワクワクしているようで、昨日も、「楽しい」というようなメールを送ってきました。

ジョブズ　うん、うん。

三宅　そのへんの、潜在ニーズの創造や発掘は、どのようにされていたのでしょうか。

今、企業のなかには、リピーターや新しいファンの創造ができないところも増えていると思います。

一方、アップルの場合は、「アップル信仰」と言いますか、「アップルは宗教のようだ」と言われるぐらい、ファンが多くついています。

「リピーターやファンをつくるところに対して、ジョブズさんやビル・ゲイツさんの思考とか、新たな考え方とかを知りたい」という経営者やビジネスパーソンは大勢いると思いますので、ぜひ、その秘訣

等を教えていただければと思います。

ジョブズ
　ビル・ゲイツは、毎日、マクドナルドで食べて、世界中にマクドナルドを広げようとしている。それが彼の主要ポイントだ。

　しかし、私は、そういう「単純さ」は好きではない。何と言うか、彼は、一つの基準をつくって、あらゆる人に、あらゆるビジネスに適用したいだけなんだよ。そのようにして、彼はたくさんのお金を得て、大金持ちになっている。この「単純さ」のおかげで、どう言えばいいかな、みんな、一種類の働きをする"機器"を必要としている。

　一方、私は少し違う。私は、ただ、「誰かが何か製品をつくる前に、自分が提供したい」と考えているだけなんだ。分かるかな？　私は"鎧"（よろい）を提供したいだけだ。つまり、「創造的になるための道具」だね。

64

それに対して、ビル・ゲイツは、"完成した機器"を提供しようとする。それが少し違うんだね。

私は、みんなを助けたいだけなんだよ。

三宅　「安物のTシャツ」に着替えれば、クリエイティブになれる?

ジョブズさんには、「人々を助けたい」という気持ちや、「人々をクリエイティブにしたい」という気持ちがおありだと思うのですが、十代のころに、「ステイ・ハングリー。ステイ・フーリッシュ」(ハングリーであれ。バカであれ)という言葉に出合い……。

ジョブズ　バカであることはいいことだ!　バカはいい!　バカは美しい!　クレージーになれ!

三宅　（笑）そして、「世界を本当に変えるんだ」という思いで、生きていたと思いますが、私たちも、「本当の意味で、世界を変えたい」と思っております。

スティーブ・ジョブズさんは、そういう大きな野望を持ち、それを具現化、実現化されていったと思います。

そこで、「夢を実現する秘訣」についてお教えいただけませんでしょうか。

ジョブズ　みんなに自由を与えることだよ。すべての幸福の科学の会員に自由を与えることだ。そして、「人と違った考え方をしなさい」と言うことだ。

バカであることはいいことだ！
バカはいい！
バカは美しい！
クレージーになれ！

The foolish are good!
Being foolish is good!
Being foolish is beautiful!
Be crazy!

三宅　もし、今、スティーブ・ジョブズさんが幸福の科学に来られたら、どのようなことをされますか。

ジョブズ　まず、（スーツを指して）こういう服は要らない。Tシャツだけで十分だ。（会場を指して）全員、安いのを着る。ハハハ。そうしたら、君たちもクリエイティブになれる。ハハハ。
そして、自分が美しい女性であることは忘れることだ。男性とか、女性とか、考えないことだね。

三宅　分かりました（笑）。「自由であって、その自由さから、大きなものを引き出し、世界を変えていく」ということを今後もしていきたいと思います。

68

4 「私は、宇宙を創りたかっただけだ」

過去世（かこぜ）は「美しい女性」だったかも？

三宅

　また、生前、「宇宙」という言葉をよく使われていたと思います。「宇宙に衝撃（しょうげき）を与（あた）えるのが、私たちの仕事だ」とか、「宇宙に存在するものなら、自らの手で生み出すことができる」といった表現をされていることが多々ありますが、そういう視点は、どこから来ているのでしょうか。もしくは、魂（たましい）の起源において、「宇宙から来られた」と言いますか、昔、ほかの星に住んでいた記憶（きおく）などはございますか。

ジョブズ　私は、ただ神様がうらやましいだけだ。ハハハ。私は、ただ、この宇宙を創りたかっただけなんだ。ハハハハ。

三宅　今は、どのようなことをされているのですか。

ジョブズ　"農家"だ。ただの農家だよ。

三宅　（笑）（会場笑）

ジョブズ　"リンゴ"をつくる人だね。

三宅　過去世(かこぜ)については……。

ジョブズ 　（右手で頭を叩きながら）過去世っていうこと？　過去世。うーん。過去世、過去世、過去世、過去世。うーん。過去世。ふーむ。過去世。過去世、過去世……。とても美しい女性だったかもしれない。女王様とか？　今世は〝王様〟だ。

三宅 　ジョブズさんには、「日本に親和性がある」と感じる部分もあるのですが、そうすると、過去世で、日本の女王と言いますか、そういう方として生まれたことがあるのでしょうか。姫と言いますか。

ジョブズ 　君は難しい人だな。とても難しい。うーん。君はクリエイティブを通り越している。
　それは〝最高機密〟だから、百億ドル必要だな。

鶴川・三宅　（笑）（会場笑）

鶴川　先ほど、「お金は要(い)らない」とおっしゃったと思うのですが。

ジョブズ　要る。要る。要る。要るんだ。

鶴川　（笑）

林　こんにちは。アップルは、マックの代わりに"マッド"を提供すべき

ジョブズ　はい？

林　私の名前は、林洋甫（ようすけ）です。

ジョブズ　おお、君は英語が話せるんだね。

林　少しだけ。
ここからは、日本語でよろしくお願いします（会場笑）。
私は、幸福の科学のIT伝道局で、IT技術を使って、教えを広げる仕事をしています。
さて、先ほど、過去世の話がありましたが、ジョブズさんは、生前、転生輪廻（てんしょうりんね）など、東洋思想を勉強され、悟（さと）りを強く求められていたと聞

ジョブズ　いております。そこで、どのようなことを悟られたのか、少しお教えいただいてもよろしいでしょうか。

ジョブズ　私はいつも宇宙について考えている。そして、この宇宙が創られた秘密について考えている。それは神の領域であることは分かっているけれども、私自身が、このような「新しい科学」の神になりたいんだ。

林　「神」になれましたか。

ジョブズ　まだだね。

林　ちなみに、今は、どういった世界にいらっしゃるのでしょうか。

ジョブズ　すでに言ったように、私は"リンゴ農家"なんだよ（会場笑）。"リンゴ"をつくっている。

林　周りには、どのような人がいますか。

ジョブズ　おお、君も天才だね。ああ、難しい人だ。とても難しい。難しい。君も、違う考え方をする。

林　いや、私は、ただの"変人"です。

ジョブズ　そうだね。

林　好奇心が強いね！　好奇心が強くて、美しくて、創造的で、天才だ。

ジョブズ　すべてだ。すべてが一つだ。転生輪廻……。ただ、アメリカ人は、転生輪廻が好きではない。君は、私を、何か別の変な人にしたいと思っているのかい？

林　はい。

ジョブズ　（笑）

林　アップルコンピュータは、マックの代わりに〝マッド（狂ったもの）〟を提供すべきだな。

林

アップルコンピュータの起源は「ニュートン」にあり⁉

私は、近い将来、「霊界通信機（れいかい）」を発明したいと思っていますが、「IT技術は、目に見えないものや、目に見えない世界を表現するためにあるのではないか」と考えています。ジョブズさんも、そうしたことを考えていらっしゃったのではないかと思うのですが、このあたりで、何か、ご意見はありますでしょうか。

ジョブズ

君は、すでに、天国と地上を橋渡し（はしわた）する〝神の機械〟なんだよ。君や、みんなのなかには、そういう〝機械〟がある。それが瞑想（めいそう）だ。

林

「ジョブズさんも、静かな時間を取って瞑想をされ、インスピレー

ション、アイデアをもらっていた」と聞いておりますが、やはり、iPodやiPhoneなどは、そういう時間のなかで生まれたものなのでしょうか。

ジョブズ　私には、単純に、未来が見えるんだ。

林　それは、なぜでしょうか。

ジョブズ　瞑想のおかげだね。

林　その、見ていた未来についてお伺いします。ジョブズさんの相棒に当たる方に、ウォズニアックさんがいました

私には、単純に、未来が見えるんだ。
瞑想のおかげだね。

I can just see the future.
It's because of meditation.

ジョブズ　コンピュータは神ではない。神は、もっと霊的で、神聖なものだ。違う。機械ではない。

林　これまで、科学と宗教、あるいは、神秘的なものと合理的なものは、なかなか融合していかないと言いますか、失われた過去の文明では、科学が宗教を滅ぼすことも数多くあったと思います。

が、その方が、ある雑誌で、「人間が『こうしてほしいな』と思ったことをコンピュータにお願いすると、何でもやってくれる。未来には、そういうバリアフリーで、非常にシンプルなコンピュータができる」というコメントをされていたと記憶しているのですが、ジョブズさんも、そういうコンピュータを考えられていたのでしょうか。

ジョブズ　ただ、あなたは、生前、東洋思想にも触れられて、合理的な考え方と、東洋的な感性的な考え方を見事に融合されていたのではないでしょうか。私は、「科学的なもの、合理的なものは、宗教的なもの、神秘的なものに奉仕していかなければならない」と考えていますが、その点についてはどうお考えでしょうか。

林　私は、リンゴ・ダイエットをしたことがあって、アップルの製品をつくった(笑)。もう少し詳(くわ)しくお聴(き)かせいただきたいのですが。

ジョブズ　ニュートンの有名なリンゴの話があるよね? それがアップルの起

鶴川　フリーメイソンですか。

ジョブズ　そのとおり。(会場笑)。そう。ニュートンは、フリーメイソンのグランドマスター(総長)だ。彼は、(フリーメイソンでの)"ミスター・オオカワ"だね。

源だ。アップルコンピュータの起源は、そこにある。それは、科学から来ているが、神や宗教からも来ているんだ。ニュートン自身が、その両方を象徴しているよね。彼は、科学者であり、神に対する深い信仰者だった。そして、グランドマスターでもあった。何て言ったかな？

天才だ(鶴川に)君はクレージーだ。いやいや。違う違う。

コンピュータは神ではない。
神は、もっと霊的で、
神聖なものだ。

Computers are not God.
God is more spiritual
and is sacred.

5 「ネズミのあとには、ネコが来る」

林

よき情報選択のカギは「キャット」

少し視点を変えたいと思います。

今、私がIT伝道局で仕事をしていて、強く感じることがあります。

それは、先ほど、ミスター鶴川のほうからもありましたが、「情報がすごく氾濫(はんらん)していて、何を選び取っていいのかが分からない」ということです。

「雑な情報が多いなかで、良質な情報を選択(せんたく)していくには、どうすればよいか」という情報選択のところは、これからの未来産業において

ジョブズ　アップルコンピュータの製品だけを買って、他の会社のものは捨てることだ。これが、一つの選択、よい選択だね（笑）。

林　はい、とてもシンプルですね。

ジョブズ　（笑）

林　もし、みなさんがアップルの製品を持ったら、それは、「アップルが世界標準になる」ということだと思います。ビル・ゲイツさんも、

「事業のポイントは世界標準だ」と言っていたと思いますが、ジョブズさんにとっての世界標準のポイントがありましたら、教えてください。

ジョブズ　私は、そんなことは考えない。世界標準は、ビル・ゲイツの主要なコンセプトだと思うが、私は、そのようには考えない。私は、みんなのニーズを考えるんだ。

鶴川　先ほど、ニュートンの話が出ましたが、「ニュートンが、スティーブ・ジョブズさんのグランドマスター」と考えてよろしいですか。

ジョブズ　（笑）君は天才だ。

鶴川 （笑）「今、ファーマーとして、リンゴをつくっている」ということですが、もし、今、ジョブズさんが生きていたら、次の時代の「アップル」を仕込んでいるはずだと思います。

つまり、今、ニュートンさんとスティーブ・ジョブズさんは、「次のアップル」を考えて、そこを〝ファーミング（耕作）〟されているのではないでしょうか。

ジョブズ （笑）

鶴川 一方で、私は、私のグランドマスターであるマスター・オオカワから、「コンピュータとITの時代は終わる。次は、もっとシンプルで、

ジョブズ　そう、そのとおり。マウス（ネズミ）は、キャット（ネコ）に食べられるものだ（笑）。

鶴川　さっきから、"禅問答"になっていますが、これは、あなたの悟り（さと）と何か関係があるのですか。

ジョブズ　ネズミのあとに、ネコが来る。

時間を使わずに、誰（だれ）もが簡単に使えるものが発明される」という予言を聞いています。実は、そのプロジェクトにかかわっていらっしゃるのではないでしょうか。

5 「ネズミのあとには、ネコが来る」

鶴川　ネコ？

ジョブズ　そう、ネコだ。「ネコ」が、君が言ったような、重要ではない機器を食べて、悪いニュースや悪いコンテンツや悪い機器や、そういったものを除去するだろう。それが「ネコ」だ。ネコの時代がすぐに来るよ。ネズミのあとには、ネコが来る。

鶴川　情報セレクトされた何か？

ジョブズ　そう。

鶴川　シンプルで？

マウス(ネズミ)は、キャット(ネコ)に
食べられるものだ(笑)。
「ネコ」が、
悪いニュースや悪いコンテンツ、
悪い機器を除去するだろう。
ネコの時代がすぐに来るよ。

A mouse should be eaten
by a cat (laughs).
The cat will eliminate
bad news, bad contents or
bad utensils.
The age of the cat
will come soon.

ジョブズ　それが重要なポイントだ。これが、今、私が考えていることだね。

鶴川　そちらの世界から、それをインスピレーションとして降ろしたことはありますか。あるいは、それに対し、幸福の科学で、何かできることはありますか。

ジョブズ　駄目駄目。君たちにはできないよ。アップルが、新しいネコか、ヘルキャット（意地悪女）か、はっきりとは分からないが、そういうものをつくるだろう（笑）。
「ネコ」が必要だ。そうすれば、お金を貯められるし、時間を節約

できるし、人生も節約できる。

「悟りを高めるためのメディア」はありえるか

林　また、"禅問答"になるかもしれませんが、時間を短縮することの一つの意味として、「悟りというか、精神性を高めていく」ということがあると思います。

ジョブズ　悟りの向上？

林　はい。悟りを高めていくことが大事であり、そのためのメディアを考えたいと思っております。そこで、ジョブズさんからヒントを頂きたいと思っているのですが。

ジョブズ

「あなたは、グランドマスターに、まず帰依しなければいけない」

と、そのように君は言うべきだ（笑）。

道具や機械のようなものではない。君には心がある。自分の心の中を見つめなさい。そうすれば、心の中の宇宙が見えるだろうし、神も見える。そして、時が来れば、君のグランドマスターが指導してくれる。そして、君は、自分の宇宙を壊して、新しい宇宙を創ることができる。君は天才だから、できるよ。ハハハハハハ。

三宅

「マスター・オオカワ」のことは生前から知っていた

今、「心の中の宇宙」という言葉がありましたけれども……。

ジョブズ　うん、うん。

三宅　その前に、「グランドマスターに帰依しなければならない」ということもおっしゃっていましたが、マスター・オオカワのことはご存じなのですか。

ジョブズ　知っているよ。

三宅　生前から、ご存じだったのでしょうか。

ジョブズ　うーん、少しね。

三宅　どこで、お知りになったのですか。

ジョブズ　私の精神面の先生たちが、彼について教えてくれたんだ。

三宅　教えも、ご存じだったのですか。

ジョブズ　少しね。

三宅　今、霊界に還られていますが、マスター・オオカワや教えについて、さらに知ることができているのでしょうか。

ジョブズ　私は〝農業〟でとても忙しいんだ。

三宅　今、幸福の科学からは、「心の中の宇宙」について書かれた『不滅の法』という書籍が出ており、そのなかで、エル・カンターレという存在も明らかにされているのですが、エル・カンターレという存在はご存じですか。

ジョブズ　分かった、分かった。サービスが必要だね。
　君は、この幸福の科学で、「科学の未来についての知識」と宇宙との関係についての知識」を必要としている。「宇宙の法」と「科学について考えていて、私に、この分野について支援してもらえるか、頼んでいる。そういうことだね？　アイデアを私に聞きたいと？

三宅　はい、お願いします。

ジョブズ　分かった。私が"リンゴ"を収穫したあとで、何かアドバイスをあげよう。支援しよう。

三宅　もう、"リンゴ"は収穫されているのではないですか。

ジョブズ　「ＩＴの未来」は宇宙人とのコンタクト

君は、宇宙人とか、宇宙船とか、そういう科学的な知識がたくさん欲しいんだろう？　それは、私の会社の未来にあると思う。(林を指して)君は「ＩＴを使う」と言ったが、ＩＴの未来は、宇宙人や宇宙船とのコンタクトだ。確かに使えるよ。

鶴川　未来のコンタクトに備えて、今、われわれにできることとして、何があるでしょうか。

ジョブズ　まず、修行と努力だ。そして、(あなたにとっては)人工甘味料を取ることをためらわないことだよ(笑)。

鶴川　私は、もう人工甘味料は克服しました(注。質問者は、以前、人工甘味料アレルギーだったが、『謎のアレルギーの原因を探る』[二〇一一年六月二十九日収録]において、ライフ・リーディングを行ったことをきっかけに、アレルギーを克服した)。

とところで、宇宙人や未来科学については、今、アメリカを中心に、

98

「宇宙人から侵略される」というような恐怖でもってPRされているのですが、今のジョブズさんのお話を聴くかぎりでは、「そうではない」ということでしょうか。

先ほど、「勇気を持って修行していくことによって、一つの希望というか、よい意味でのコンタクトがある」と言われましたが、宇宙人とのコンタクトの未来予想図はありますか。

ジョブズ　おそらく、「希望」と「恐怖」の両方があるだろう。

鶴川　そのなかで、「希望」のほうをつかみ取っていくためには、何がポイントになっていくのでしょうか。

ジョブズ　君たちは、防衛のための武器について考えなければいけない。

鶴川　どういう武器でしょうか。

ジョブズ　彼らは、地球人を征服できるだけの十分な科学技術を持っている。だから、防衛兵器が必要だ。それは、ITとかコンピュータ・サイエンスの延長線上にあると思う。銃とか刀ではない。

鶴川　今の世界情勢を見ると、アメリカも中国もヨーロッパも、非常に混沌としています。そういう意味において、宇宙人の介入を許しやすい状況だと思いますが、よいほうの宇宙人とコンタクトしていく秘訣はありますか。

ジョブズ　私は、ただの〝農家〟だから知らないな。

鶴川　（笑）

三宅　また、そんな〝クレージー〟なことをおっしゃって（笑）。農家ではないと思うのですが。

6 「今、世界中の"リンゴ農家"を指導している」

五十五歳で早逝した本当の理由は？

三宅　ジョブズさんは、二〇一一年十月五日、突然、亡くなられたわけですが、それには、何かしらのスピリチュアルな理由があったのではないでしょうか。もちろん、この世的な原因として、ご病気だったこともあるでしょうが、何か、地上における今回の人生計画として予定されたものがあったのでしょうか。次の宇宙時代に備えてとか……。

ジョブズ　貧困のせいだ。ビル・ゲイツのように、十分なお金を持っていなか

ったのでね。

三宅　（笑）本当の理由は何でしょうか。

ジョブズ　リンゴを食べすぎた（笑）。それでガンになった。気をつけるんだよ。ハハハ。

三宅　ジョブズさんも、ビル・ゲイツさんも、同じ一九五五年生まれです。そのお二人がコンピュータ時代を切り拓(ひら)いてきたわけですが、そこには、どのような計画があったのでしょうか。「リンゴをつくること」以外に、何かお教えいただければと思います。

ジョブズ　（舌打ち）ああ。

三宅　もっと大きな宇宙から見た計画があったと思うのです。そろそろ、クレージーになられて、本当のことをおっしゃっていただけないでしょうか。

ジョブズ　ビル・ゲイツ（守護霊）は、すでにこの幸福の科学に"侵入"していると聞いている。彼は、すでにこの幸福の科学に入り込んでいる。彼は、この幸福の科学を"征服"したいんだ。たくさんの信者が世界中にいて、当然、マイクロソフトの製品を買ってもらえるからね。それが彼の主要な目標だ。彼は、レプタリアン型エイリアンのようだね。ハハハ。ハハハ。ごめんよ。

ジョブズ　私は、このタイプの科学者として"セカンド・バージン"になりたいんだ。(通訳を指して)これを訳すのは難しいけどね。ビル・ゲイツ(守護霊)は、すでにこの教団を"レイプ"している(笑)。ごめん、ごめん。ごめんよ(会場笑)。私は大学を卒業していないので、語彙が貧困なんだ。ごめん、ごめん。ごめんよ。

鶴川　(笑)

改めて「ジョブズの過去世」を訊く

林　ずばりお訊きします。ジョブズさんは、今、霊界から地上の世界に

対し、どのあたりの人をご指導されているのでしょうか。

ジョブズ　世界中の〝農家〟、特に〝リンゴ農家〟を指導している（笑）。それから、瞑想が好きな人たちもね。

三宅　未来科学系ですか。

ジョブズ　君が、もう少し瞑想が好きなら、何かインスピレーションをあげられるよ。しかし、できないだろうね？　君にはできない。君は、頭を使いすぎているからね。脳みそに頼りすぎている。脳みそを捨てて、魂(たましい)を使いなさい。ハハハ。

脳みそを捨てて、
魂を使いなさい。

Please abandon your brain
and rely on your soul.

鶴川　以前、ビル・ゲイツさんの守護霊が来られたときには、過去世を少し明かしていただいたのですが（注。二〇一〇年七月十六日、「ビル・ゲイツ守護霊の霊言」を収録）。

ジョブズ　本当？　本当に？　彼は〝犯罪者〟だよ。

鶴川　……。

ジョブズ　天使のガブリエルのような通信役として、世界中に通信していると。

違う、違う、違う、違う、違う、違う。同意できないな。

鶴川　また、はっきりとはおっしゃらなかったのですが、アルキメデス風

108

のことをおっしゃっていました。

ジョブズ　ほら吹きだ。

鶴川　このまま終わってしまうかと思いますと、ビル・ゲイツさんのほうが、少し有名になってしまうかと思います（会場笑）。それが心配になったので、あなたの秘密をもう少しお明かしいただけないでしょうか。

ジョブズ　私はニュートンの一人息子(むすこ)だよ。

鶴川　ニュートンの息子? お名前はあるのでしょうか。霊的な名前は?

ジョブズ　霊的な名前？　ニュートンだ。

鶴川　ニュートンご自身ですか。

ジョブズ　ニュートンの一人息子だ。

鶴川　（笑）どちらでしょうか。

ジョブズ　ニュートン二世（注。ニュートンは生涯(しょうがい)独身）。

鶴川　スティーブ・ジョブズさんは、前回、地上に生まれたときの名前は何でしょうか。ヒントだけでもお願いします。

ジョブズ　リンゴの木の下で瞑想をした。

鶴川　(笑)菩提樹ではなく、リンゴの下で、瞑想をされたのですね。そして、悟りを開かれた方ですね。

ジョブズ　引力。

鶴川　(笑)分かりました。

7 「電子機器は、宗教の敵になってはいけない」

三宅

最後に、若くして起業家になり、成功するための秘訣についてお伺いします。スティーブ・ジョブズさんは、二十五歳で大金持ちになり、独力で成功した、史上最年少の資産家と言われていました。

そして、最近も、マーク・ザッカーバーグという、「フェイスブック」をつくった方が、二十五歳で、「世界で最も若い十人の億万長者」の第一位となるなど、若くして成功する人が、世界中で増えている部分もございます。

ジョブズさんは、生前、成功の秘訣について、「好きなことを追求

ジョブズ

して、情熱を持って取り組む」ということをおっしゃっていましたが、今、天上界に還られて、改めて思うこととは何でしょうか。

世界中に、スティーブ・ジョブズさんに憧れながら頑張っている若き起業家や、「心はまだ青年だ。これから頑張っていきたい」という方々がいらっしゃると思うので、そういう方々に向けて、アドバイスを頂ければと思います。

宗教の敵になってはいけない。それが大事だと思う。電子機器というものが、宗教を殺すべきではない。

宗教を、特に、よい宗教を助けてほしい。そして、世界中へ真理を普及するのを助けることだ。もし、私たちの仕事が、彼らや君たちを助けることができるなら、私たちは、とてもうれしいね。それが、ス

ピリチュアルな起業家の使命だ。

三宅　ありがとうございます。

鶴川　今日は、ユーモアたっぷりに、また、一部、"禅問答"がありながら、素晴らしいお話をたくさん賜り、ありがとうございました。われわれは、未来科学を創造するハッピー・サイエンスとしても、頑張ってまいりたいと思います。今日は、ご指導いただき、本当にありがとうございました。

ジョブズ　オーケー。君たちを助け、力になることを約束しよう。そして、"リンゴ"を一個あげよう。

世界中へ真理を普及するのを
助けることだ。
それが、
スピリチュアルな起業家の使命だ。

Help them spread the Truth
all over the world.
That is the mission of
a spiritual entrepreneur.

鶴川　（笑）（会場笑）

ジョブズ　一個ね。

鶴川　ありがとうございます。これからも、ご指導、よろしくお願いいたします。

ジョブズ　ありがとう、さよなら。

三宅　ありがとうございました。

8 「スティーブ・ジョブズの霊言」を終えて

ジョブズは「自由人」であり、「永遠のイノベーター」

大川隆法　こういう感じですが、まあ、どうしようもないですね（笑）。人を食っています。

ビル・ゲイツ氏のほうが、ややマクロで、少し組織的にものを見ることが得意かもしれません。

この人は、やはり「自由人」ですね。基本的には、「自由人」の感じを強く受けました。「自由人」で、その裏に「芸術性」と「宗教性」がある感じでしょうか。その意味では、必ずしもコンピュータでなく

てもよかったのかもしれません。ほかのものでもできる人なのでしょうね。

時代が違えば、少し前のピカソのような絵を描くタイプの人なのではないでしょうか。この人は、間違いなく、「永遠のイノベーター（革新者）」でしょう。過去世について、あまり語りませんでしたが、きっと、変わったことをしたイノベーターだと思いますし、未来についても、そういうことを考えているでしょうね。

先ほど、質問者が、「フェイスブック」をつくった人の名前を出しましたが、そのとき、もう少しで「フェイク」（偽物）という言葉が出てきそうな感じがしました。今、コンピュータの世界はかなり過当競争のなかに入っているため、ジョブズから見ると、あのようなもの

118

は二番煎じ、三番煎じで、発明のうちに入っていないのでしょう。そういう感じを受けました。実際に言いはしませんでしたが、そのとき、「フェイク」という言葉が浮かんできていました。
「あの程度で、あんなに儲けてはいけない。隙をうまく突いて入ってきて、広げただけだろう？　大したオリジナリティーじゃない。あの手のものはたくさん出てくるだろうが、どんどん淘汰されていくのではないか。だから、もうちょっと本質的なものを求めないといけないし、旧いものはどんどん破壊していかなければいけない。それが仕事だ」と思っているような感じを受けました。
　確かに、コンピュータも、アップルⅡは、昔のテレビぐらいの大きさがありましたが、あれからどんどん変わっていったように、今あるものも全部失われていくでしょう。

大川隆法

ノートパソコンも、今は茶封筒にも入る薄さになっていますが、「そんなところから出してはいけない」というように変わってくるのでしょう。胸ポケットから出さなければいけない。あるいは、"インビジブルモード"(不可視状態)になるかもしれません。

ジョブズなら、そのように、全然違うことを考えるでしょう。おそらく、今、人々がありがたがって使っているようなものは、すべて破壊してかかると思います。「これでいい」と思った瞬間、破壊にかかり、次のものを目指す人なのではないでしょうか。

「お金儲け」や「知識」よりも、「ものづくり」に関心がある魂

ジョブズは、「現にあるものを利用して儲ける」とか、「まだ利用し尽くしていないところで儲けを取る」とかいうことには、あまり関心

鶴川

がないようです。最終的には、お金にあまり関心がなさそうな印象を受けました。それは、ヨガなどをやっていたことと関係があるのかもしれません。

「たまたま売れた」というだけであって、彼は、本心では、「できるだけ多くの人の創造性を引き出したい」「いろいろな企業での発明や製品の構想などの役に立てばいいな」という気持ちを持っていたように感じました。

最後の「電子機器は、宗教を殺してはいけない。宗教を助けてほしい」という言葉がとても印象的でした。

一方で、「現代という時代に置かれているわれわれは、電子機器に忙殺され、時間を奪われ、頭がベータ波動（忙しく仕事等をしている

大川隆法　ときに出ている脳波のこと）になって、クリエイティビティー（創造性）から遠いところにあるのではないか」「宗教活動も、やや、そういう仕事になっているのではないか」ということを感じ、すごく反省いたしました。

　やはり、電子機器を上手に使いながらも、未来を創造したり、宗教的なバイブレーションを持ったりするような宗教団体にならないといけないと思います。

　今、学校の通信教育をテレビで行ったり、インターネットで予備校の授業が聴けたりするような方向に進んでいるようですが、宗教的なミッションから考えれば、そういうタイプの進化は、実はマイナスになることもあるということを、彼は知っているように見えました。

122

先ほど、「頭を捨てて、心のほうへ行け」というようなことを言っていましたが、「頭のほうを使いすぎる傾向がある」ということでしょう。

実際、話を聴いていて、知識的なものに、ずっとウェイトを置いているようには感じられませんでした。知識欲のようなものがあるというより、モノのほうに関心があるようでした。

本当は、機械など要らない〝究極の機械〟のようなものを目指しているのではないでしょうか。「機械など要らないような機械のほうに進化していきたい」という感じではないかと思うのです。

ある意味で、本当に「霊界」に近づこうとしているのではないでしょうか。思っただけで何かを実現できるようなタイプの機械を目指しているようです。

それは、いろいろなものを使って組み立てた唯物的な機械を言っているのではないような感じがしました。
やはり、彼は、「人間の霊性を妨げない方向での発明をしていきたい」と考えているのでしょう。

今、ジョブズが構想しているのは「人間の作業を楽にするもの」ている」と感じているようです。

　また、彼は、「今はまだ、作業的なものにエネルギーを吸われすぎている」と感じているようです。

「今、コンピュータをいじって、賢くなったように思っているかもしれないが、それは、昔の『農作業』に当たるんだ」と考えているようでした。「これは農作業なんだ。畑仕事をやっている部分なんだ。この畑仕事をなくして、楽にしてやらなければいけない」という感じ

大川隆法

鶴川　そうですね。「マウス」に代わる「キャット」を……。でしょうか。

大川隆法　「キャット」を考えなければいけません。

　彼のいうキャットとは、悪い情報や無駄な情報を食って、消去していって、よい情報だけを選び出してくる装置のことでしょう。そうすると、無駄な時間や頭脳の疲労をかなり取り除くことができるわけですね。

　当会としては、そのキャットのコンセプトの半分については、貢献できる可能性があるかもしれません。製品のほうは無理ですが、「何を食ってしまうべきか」という部分では、ものの考え方や見方を提示

できると思います。

彼は、「ネズミ（悪い情報や無駄な情報）がたくさん動き回っているのは、あまりよろしくない」と思っているようで、それで、霊言では、「キャットに食わせなければいけない」と言っていたようです。

したがって、コンピュータ等は、おそらく、もっともっと便利で、簡単なものになっていくでしょう。

要するに、それをメディテーション（瞑想）好きな人が考えるならば、メディテーションができるような時間をつくれなければいけないでしょうし、ベータ波動も好ましいものではないでしょうから、ごく簡単にできるものになっていくでしょう。

例えば、「今日やってほしい仕事は、これとこれ」と命じておくと、人間に代わって、一日中、自動的に何か作業してくれるようなものを

126

8 「スティーブ・ジョブズの霊言」を終えて

大川隆法

半歩先の未来が見えた「今回の霊言」

つくるのではないでしょうか。今は、人間が〝農作業〟をしているように見えているため、そのようなものを目指しているのでしょう。課題を与えておけば、自動的にやってくれるようなロボットかもしれないし、別なものかもしれません。いずれにせよ、そのようなものを考えているようでした。

ジョブズは、お金儲けを考えているタイプでは、あまり、ありませんでした。

過去世リーディング的なものについては、もう禅問答で、本当か嘘か、分からないようなことを言っていました。まあ、「アップル」ということで、「ニュートン」の名前を挙げていましたが、本当でしょ

うか。
　確かに、「霊的なものと科学と両方に関心がある」という意味では、そういうところはあるかもしれませんがね。うーん。
　ニュートンは、生前のジョブズを、多少、指導していたかもしれません。神も、霊魂も、あの世も否定しなかったニュートンは、科学がそれを否定する方向に流れていったことに対して、気にはなっているでしょうから。
　まあ、大物というのは、なかなか本質をつかませてはくれません。それほど簡単ではないのでしょう。
　彼としては、「今回の人生は、世界を変える何かの一部になった」と思っているでしょうが、今、数多く出てきているものも、やがて淘汰され、「後世まで遺るもの」と「遺らないもの」とに分かれていく

だろうと思います。

ちなみに、これで、縁ができたので、スティーブ・ジョブズ霊示の祈願はつくれます（笑）。ただ、一回、会社から追放された人なので、どのような祈願になるかは分かりません。霊示は、どのような感じでくるでしょうか。肩透かしをしてくる人なので、何とも言えないところがありますが。

鶴川

　非常に有意義な時間でした。

大川隆法

　今回、信者のみなさんのご要望に応えて、一つ、霊言を録りました。宗教からのアプローチとしては、この程度で、十分ではないかと思います。オタク系の人は、もっともっと細かく、いろいろなことを訊

鶴川　きたいだろうと思いますが、残念ながら、少し分かりかねるところがありますのでね。

大川隆法　いずれにしても、はぐらかされたのではないでしょうか。今回は、かなり聴けたほうだと思います。

鶴川　ああ、そうですか。

大川隆法　はい。

鶴川　まあ、「マウスの次はキャットだ」と言っていたあたりも、一つの禅問答的な公案かもしれませんね。

鶴川　（林を指して）質問者が訊いた情報の選択のところが、「まさしく、それだ」と言っていました。企業群のなかで、キャットをつくれるところが、次は生き残るでしょうね。

大川隆法　半歩先を見させていただきました。

鶴川　それでは、以上としましょうか。ありがとうございました。

『公開霊言 スティーブ・ジョブズ 衝撃の復活』大川隆法著作関連書籍

『不滅の法』（幸福の科学出版刊）

経営シリーズ

経営者の求められるマインドとスキル
経営入門
人材論から事業繁栄まで

●経営規模に応じた経営の組み立て方など、
強い組織をつくるための「経営の急所」を伝授。

第一部　人間学から見た経営
　第1章　商売繁盛のコツ
　第2章　「将の将たる器」となるためには
第二部　経営者の器量
　第1章　小さな会社の社長へのメッセージ
　第2章　常勝のリーダーシップ論
第三部　発展・繁栄の秘訣
　第1章　経営入門
　第2章　事業繁栄のコツ
　第3章　経営のコツ

9,800円

実践で磨かれた、珠玉の経営手法
社長学入門
常勝経営を目指して

●デフレ時代を乗り切り、
組織を成長させ続けるための経営哲学、
実践手法が網羅された書。

第1章　幸福の科学的経営論
第2章　経営のためのヒント
第3章　社長学入門

9,800円

※表示価格は本体価格(税別)です。

大川隆法ベストセラーズ

過去の成功を捨て明日をつくりだす
未来創造のマネジメント
事業の限界を突破する法

●変転する経済のなかで、成長し続ける企業とは、経営者とは。戦後最大級の組織をつくり上げた著者による、現在進行形の経営論がここに。

第1章　未来創造のマネジメント
第2章　デフレ時代の経営戦略
第3章　大きな仕事をこなすコツ
第4章　発展する組織について
第5章　不況は、こう迎え撃て！！

9,800円

不況でも伸びる組織の8つの智慧とは
智慧の経営
不況を乗り越える常勝企業のつくり方

●不況でも伸びる組織には、この8つの智慧がある──。26年で巨大グループを築き上げた著者の、智慧の経営エッセンスをあなたに。

第1章　不況を乗り越えるための基本的な考え方
第2章　智慧を重視した経営を目指す
第3章　不況期の基本戦略
第4章　ピンチをチャンスに変える逆転戦略
第5章　判断力を高める情報戦略
第6章　顧客を創造する市場戦略
第7章　深い智慧はどうしたら得られるか

10,000円

幸福の科学出版

WELCOME TO HAPPY SCIENCE!

幸福の科学グループ紹介

「一人ひとりを幸福にし、世界を明るく照らしたい」──。その理想を目指し、幸福の科学グループは宗教の垣根(かきね)を超えて、幅広い分野で活動を続けています。

宗教法人 幸福の科学

- 支部活動【map.happy-science.jp（お近くの幸福の科学）】
- 精舎（研修施設）【shoja-irh.jp】
- 学生局、青年局【hs-befree.com】
- 百歳まで生きる会
- シニア・プラン21（生涯現役人生の実現）【03-6384-0778】
- 幸福結婚相談所【03-5962-7770】
- 幸福の科学の葬儀・霊園
  - 来世幸福園【raise-nasu.kofuku-no-kagaku.or.jp】
  - 来世幸福セレモニー株式会社【raise-kofuku.jp】
- ヘレンの会（障害者の活動支援）【www.helen-hs.net】
- 自殺防止運動【www.withyou-hs.net】
- 支援活動
  - 一般財団法人「いじめから子供を守ろうネットワーク」【03-5719-2170】
  - 犯罪更生者支援【www.shasn.net】
- 海外活動【happy-science.org（英語版）】
  【hans.happy-science.org（中国語簡体字版）】

教育事業

- 幸福の科学学園事業
  - 学校法人 幸福の科学学園
    - 中学校・高等学校 那須本校【happy-science.ac.jp】
    - 中学校・高等学校 関西校【kansai.happy-science.ac.jp】
  - 大学設立準備室【university.happy-science.jp】
- 宗教教育事業
  - 仏法真理塾「サクセスNo.1」（信仰教育と学業修行）【03-5750-0747】
  - エンゼルプランV（未就学児信仰教育）【03-5750-0757】
  - ネバー・マインド（不登校児支援）【hs-nevermind.org】
    - ユー・アー・エンゼル！運動（障害児支援）【you-are-angel.org】

政治活動	幸福実現党【hr-party.jp】
	├ <機関紙>「幸福実現NEWS」
	└ <出版> 書籍・DVDなどの発刊
	HS政経塾【hs-seikei.happy-science.jp】

出版メディア関連事業	幸福の科学の月刊小冊子【kofuku-no-kagaku.or.jp】
	幸福の科学出版株式会社【irhpress.co.jp】
	├ 書籍・CD・DVD・BDなどの発刊
	├ <オピニオン誌>「ザ・リバティ」【the-liberty.com】
	├ <女性誌>「アー・ユー・ハッピー?」【are-you-happy.com】
	├ <書店> 株式会社ブックスフューチャー【booksfuture.com】
	└ <広告代理店> 株式会社メディア・フューチャー
	メディア事業
	└ <ラジオ>「天使のモーニングコール」【tenshi-call.com】
	スター養成スクール（芸能人材の育成）【03-5793-1773】

HOW TO JOIN US AS A HAPPY SCIENCE MEMBER?
入会のご案内

幸福の科学では、大川隆法総裁が説く仏法真理をもとに、「どうすれば幸福になれるのか、また、他の人を幸福にできるのか」を学び、実践しています。

(入会) 仏法真理を学んでみたい方へ

大川総裁を信じ、大川総裁の説く仏法真理を学びたい方は、どなたでも入会できます。

(三帰誓願) 信仰をさらに深めたい方へ

大川総裁の弟子として本格的に信仰を深めたい方は、精舎・支部・拠点などで「三帰誓願式」を受け、本信者になることができます。三帰誓願とは、仏（大川隆法総裁）、法（大川総裁の説く仏法真理）、僧（弟子が集う僧団）の3つに帰依し、これに生きると誓うことです。

INFORMATION
幸福の科学 サービスセンター
TEL 03-5793-1727 （受付時間／火～金:10～20時　土・日:10～18時）
宗教法人 幸福の科学 公式サイト happy-science.jp

大川隆法　まあ、「マウスの次はキャットだ」と言っていたあたりも、一つの禅問答的な公案かもしれませんね。

（林を指して）質問者が訊いた情報の選択のところが、「まさしく、それだ」と言っていました。企業群のなかで、キャットをつくれるところが、次は生き残るでしょうね。

鶴川　半歩先を見させていただきました。

大川隆法　それでは、以上としましょうか。

鶴川　ありがとうございました。

Ryuho Okawa He said, "The cat comes after the mouse," and this could be a Zen koan that we can contemplate on.

One of the interviewers (Hayashi) asked about selecting valuable information, and Jobs was saying that that was the main point. Whichever business creates the cat will be the one that survives.

Tsurukawa We were able to see half a step into the future.

Ryuho Okawa OK, let us finish here, then.

Tsurukawa Thank you very much.

大川隆法　今回、信者のみなさんのご要望に応えて、一つ、霊言を録りました。

　宗教からのアプローチとしては、この程度で、十分ではないかと思います。オタク系の人は、もっともっと細かく、いろいろなことを訊きたいだろうと思いますが、残念ながら、少し分かりかねるところがありますのでね。

鶴川　いずれにしても、はぐらかされたのではないでしょうか。今回は、かなり聴けたほうだと思います。

大川隆法　ああ、そうですか。

鶴川　はい。

8 Closing Comments for the Spiritual Messages from Steve Jobs

Ryuho Okawa We conducted today's spiritual interview in response to our members' requests.

I think we had a good enough approach from a religious perspective. I think that computer geeks would want to ask him more detailed questions about many other things. Unfortunately, we don't have that kind of knowledge.

Tsurukawa Either way, he would've evaded the questions. I think we were able to get a lot out of him.

Ryuho Okawa Oh, I see.

Tsurukawa Yes.

まあ、大物というのは、なかなか本質をつかませてはくれません。それほど簡単ではないのでしょう。

　彼としては、「今回の人生は、世界を変える何かの一部になった」と思っているでしょうが、今、数多く出てきているものも、やがて淘汰され、「後世まで遺(のこ)るもの」と「遺らないもの」とに分かれていくだろうと思います。

　ちなみに、これで、縁(えん)ができたので、スティーブ・ジョブズ霊示(れいじ)の祈願(きがん)はつくれます（笑）。ただ、一回、会社から追放された人なので、どのような祈願になるかは分かりません。霊示は、どのような感じでくるでしょうか。肩透(かたす)かしをしてくる人なので、何とも言えないところがありますが。

鶴川　非常に有意義な時間でした。

It's difficult to reveal the true nature of big names like Steve Jobs. It's not that easy.

He probably feels that, in his lifetime, he was part of something that brought change to the world. Numerous devices and services that are available now will eventually be screened out and divided into to the ones that will remain in the future and the ones that won't.

By the way, now that we have a spiritual connection with Steve Jobs, I can create a ritual prayer inspired by Steve Jobs (laughs). But he was fired from his company once, so I'm not sure what the prayer will be like. I wonder what kind of inspiration he will send me. He was dodging our questions, so I really can't tell what it'll be like.

Tsurukawa   We had a very fruitful time.

半歩先の未来が見えた「今回の霊言」

大川隆法　ジョブズは、お金儲けを考えているタイプでは、あまり、ありませんでした。

　過去世リーディング的なものについては、もう禅問答で、本当か嘘か、分からないようなことを言っていました。まあ、「アップル」ということで、「ニュートン」の名前を挙げていましたが、本当でしょうか。

　確かに、「霊的なものと科学と両方に関心がある」という意味では、そういうところはあるかもしれませんがね。うーん。

　ニュートンは、生前のジョブズを、多少、指導していたかもしれません。神も、霊魂も、あの世も否定しなかったニュートンは、科学がそれを否定する方向に流れていったことに対して、気にはなっているでしょうから。

The Spiritual Messages Showed Us a Half Step into the Future

Ryuho Okawa   He wasn't really the type of person who had a keen interest in making money.

The past life reading part was like a Zen dialogue, so we can't really tell whether or not he was telling us the truth. Since his company was Apple, he mentioned Newton's name, but I wonder if it is true.

I guess they were similar in the sense that they were both interested in spirituality and science. Hm.

Perhaps when he was alive, Jobs was receiving spiritual guidance from Newton. Newton himself did not deny God, nor the soul, nor the other world. So he's probably concerned that science was moving in a direction that denied them.

要するに、それをメディテーション（瞑想）好きな人が考えるならば、メディテーションができるような時間をつくれなければいけないでしょうし、ベータ波動も好ましいものではないでしょうから、ごく簡単にできるものになっていくでしょう。

　例えば、「今日やってほしい仕事は、これとこれ」と命じておくと、人間に代わって、一日中、自動的に何か作業してくれるようなものをつくるのではないでしょうか。今は、人間が"農作業"をしているように見えているため、そのようなものを目指しているのでしょう。

　課題を与えておけば、自動的にやってくれるようなロボットかもしれないし、別なものかもしれません。いずれにせよ、そのようなものを考えているようでした。

In short, someone like Jobs who likes meditation would want to secure time for meditation, and he would not like having beta brain waves. So naturally, he would develop something very simple to use.

For example, he may create an automated device that will work on its own for a whole day if we give a command specifying the work that needs to be done on that day. To him, people are doing farm work now, so I think he aims to create something that will work on behalf of human beings.

It could be an automated robot or a machine of some sort. Whatever it is, he is thinking of inventing something like that.

大川隆法 「キャット」を考えなければいけません。

　彼のいうキャットとは、悪い情報や無駄な情報を食って、消去していって、よい情報だけを選び出してくる装置のことでしょう。そうすると、無駄な時間や頭脳の疲労をかなり取り除くことができるわけですね。

　当会としては、そのキャットのコンセプトの半分については、貢献できる可能性があるかもしれません。製品のほうは無理ですが、「何を食ってしまうべきか」という部分では、ものの考え方や見方を提示できると思います。

　彼は、「ネズミ（悪い情報や無駄な情報）がたくさん動き回っているのは、あまりよろしくない」と思っているようで、それで、霊言では、「キャットに食わせなければいけない」と言っていたようです。
　したがって、コンピュータ等は、おそらく、もっともっと便利で、簡単なものになっていくでしょう。

Ryuho Okawa   We have to think of what the cat is.

What he referred to as the cat is probably a device that will remove or get rid of unwanted, useless information and select only useful, valuable information. This device will significantly reduce wasted time and mental fatigue.

Our organization may be able to contribute half of the concept of the cat. We probably won't be able to create the actual device, but we can provide perspectives and guidelines on what information should be removed.

He seems to think that it's not good that many mice (bad and useless information) are running around. That's why, in the spiritual messages, he was saying that the cat needs to eat them.

I suppose that electronic devices such as computers will become more convenient and even simpler.

今、ジョブズが構想しているのは
「人間の作業を楽にするもの」

大川隆法　また、彼は、「今はまだ、作業的なものにエネルギーを吸われすぎている」と感じているようです。

「今、コンピュータをいじって、賢くなったように思っているかもしれないが、それは、昔の『農作業』に当たるんだ」と考えているようでした。「これは農作業なんだ。畑仕事をやっている部分なんだ。この畑仕事をなくして、楽にしてやらなければいけない」という感じでしょうか。

鶴川　そうですね。「マウス」に代わる「キャット」を……。

Jobs Plans to Create Something that Will Make Our Lives Easier

Ryuho Okawa   Jobs also feels that we're spending too much energy on routine work.

He seems to think that people mistakenly believe that they become smarter because they're using computers, but that computer work is equivalent to the farm work of older days. He thinks that we're still working on the farm. So he feels that he needs to get rid of the farm work and make our lives easier, I guess.

Tsurukawa   Yes. The cat will replace the mouse...

本当は、機械など要らない"究極の機械"のようなものを目指しているのではないでしょうか。「機械など要らないような機械のほうに進化していきたい」という感じではないかと思うのです。

　ある意味で、本当に「霊界」に近づこうとしているのではないでしょうか。思っただけで何かを実現できるようなタイプの機械を目指しているようです。

　それは、いろいろなものを使って組み立てた唯物的な機械を言っているのではないような感じがしました。
　やはり、彼は、「人間の霊性を妨げない方向での発明をしていきたい」と考えているのでしょう。

I suppose that what he's really trying to create is an "ultimate machine" that doesn't have any mechanical components. He probably wants to achieve technological evolution so that they can create a device or machine that has no mechanical parts.

In a sense, he is trying to bring this world closer to the spirit world. He seems to be aiming to create a kind of machine that would only require users to think of the command for the machine to execute it.

I felt that his idea is to build a machine that is not made of physical parts.

He probably wants to invent something that will not hinder the spiritual growth of humankind.

やはり、電子機器を上手に使いながらも、未来を創造したり、宗教的なバイブレーションを持ったりするような宗教団体にならないといけないと思います。

大川隆法　今、学校の通信教育をテレビで行ったり、インターネットで予備校の授業が聴けたりするような方向に進んでいるようですが、宗教的なミッションから考えれば、そういうタイプの進化は、実はマイナスになることもあるということを、彼は知っているように見えました。

　先ほど、「頭を捨てて、心のほうへ行け」というようなことを言っていましたが、「頭のほうを使いすぎる傾向がある」ということでしょう。

　実際、話を聴いていて、知識的なものに、ずっとウエイトを置いているようには感じられませんでした。知識欲のようなものがあるというより、モノのほうに関心があるようでした。

I think that, while making good use of electronic devices, we have to become a religious organization that creates the future and that has religious vibrations.

Ryuho Okawa Now, things are moving in the direction that allows us to take distance-learning courses on TV, take supplementary classes on the Internet, and so on. But he seems to know that, from the standpoint of a religious mission, this kind of evolution could be harmful.

He said earlier that we need to abandon our brain and rely on our soul. He was probably telling us that we have a tendency to rely too much on our brain.

As I listened to him talk, I didn't feel that he placed too much importance on knowledge. Rather than the desire to learn, he seemed to have much more interest in "products."

「たまたま売れた」というだけであって、彼は、本心では、「できるだけ多くの人の創造性を引き出したい」「いろいろな企業での発明や製品の構想などの役に立てばいいな」という気持ちを持っていたように感じました。

鶴川 最後の「電子機器は、宗教を殺してはいけない。宗教を助けてほしい」という言葉がとても印象的でした。

一方で、「現代という時代に置かれているわれわれは、電子機器に忙殺され、時間を奪われ、頭がベータ波動（忙しく仕事等をしているときに出ている脳波のこと）になって、クリエイティビティー（創造性）から遠いところにあるのではないか」「宗教活動も、やや、そういう仕事になっているのではないか」ということを感じ、すごく反省いたしました。

He probably feels that his products just happened to sell. I sensed that his true intentions were to draw out creativity from as many people as possible and to be of service to a variety of businesses by inventing or coming up with ideas for new products.

Tsurukawa Toward the end, he said, "Electronic devices should not kill religion. Please assist religions." His words left a strong impression on me.

At the same time, I realized that people who live in today's world constantly busy themselves with electronic devices and waste time on them. By doing so, their brain waves turn into beta mode (beta brain waves are generated in situations such as being flooded with work), and they are actually further distancing themselves from creativity. I deeply reflected on the fact that our religious activities might be done amid such restless vibrations.

ジョブズなら、そのように、全然違うことを考えるでしょう。おそらく、今、人々がありがたがって使っているようなものは、すべて破壊してかかると思います。「これでいい」と思った瞬間、破壊にかかり、次のものを目指す人なのではないでしょうか。

「お金儲け」や「知識」よりも、「ものづくり」に関心がある魂

大川隆法　ジョブズは、「現にあるものを利用して儲ける」とか、「まだ利用し尽くしていないところで儲けを取る」とかいうことには、あまり関心がないようです。最終的には、お金にあまり関心がなさそうな印象を受けました。それは、ヨガなどをやっていたことと関係があるのかもしれません。

Jobs will definitely come up with a completely new idea like that. He is the type of person who would destroy everything that everybody is happily using right now. Just when people think it's good enough, he'll destroy it and create something new.

His Spirit Tends to Be Interested in Creating Products Rather Than Gaining Profits or Knowledge

Ryuho Okawa   It seems to me that he doesn't have much interest in making a profit from something that already exists in the market or by taking advantage of existing products and services that haven't been fully exploited. My impression of him was that he has little interest in money in the end. It may have something to do with the fact that he did something such as yoga.

「あの程度で、あんなに儲けてはいけない。隙をうまく突いて入ってきて、広げただけだろう？　大したオリジナリティーじゃない。あの手のものはたくさん出てくるだろうが、どんどん淘汰されていくのではないか。だから、もうちょっと本質的なものを求めないといけないし、旧いものはどんどん破壊していかなければいけない。それが仕事だ」と思っているような感じを受けました。

　確かに、コンピュータも、アップルⅡは、昔のテレビぐらいの大きさがありましたが、あれからどんどん変わっていったように、今あるものも全部失われていくでしょう。

　ノートパソコンも、今は茶封筒にも入る薄さになっていますが、「そんなところから出してはいけない。胸ポケットから出さなければいけない」というように変わってくるのでしょう。あるいは、"インビジブルモード"（不可視状態）になるかもしれません。

I sensed that Jobs was thinking, "He (Mark Zuckerberg) shouldn't be making so much money off of something of that level. He was only successful at exploiting a gap in the market and expanding his business. He doesn't have much originality. Those types of services will keep coming out, one after another, but many of them will disappear in the end. We need to seek something more fundamental. We need to keep on destroying the old. That's our job."

Indeed, the Apple II computer was the size of an old TV back then, and it evolved drastically. The products we now see will all disappear in the same way.

Now, laptop computers are thin enough to fit inside a manila envelope, but soon, people will start saying that they're too big and that they should fit inside a chest pocket. Perhaps they may even have an invisible mode.

時代が違えば、少し前のピカソのような絵を描くタイプの人なのではないでしょうか。この人は、旧いものを破壊して新しいものをつくるタイプで、間違いなく、「永遠のイノベーター（革新者）」でしょう。

　過去世について、あまり語りませんでしたが、きっと、変わったことをしたイノベーターだと思いますし、未来についても、そういうことを考えているでしょうね。

　先ほど、質問者が、「フェイスブック」をつくった人の名前を出しましたが、そのとき、もう少しで「フェイク」（偽物）という言葉が出てきそうな感じがしました。今、コンピュータの世界はかなり過当競争のなかに入っているため、ジョブズから見ると、あのようなものは二番煎じ、三番煎じで、発明のうちに入っていないのでしょう。そういう感じを受けました。実際に言いはしませんでしたが、そのとき、「フェイク」という言葉が浮かんできていました。

If he had been born in a bit earlier time, he would have become an artist who drew paintings like Picasso's. He is the type of person who destroys the old and creates the new. He is definitely an eternal innovator.

He didn't tell us much about his past lives, but he was probably an innovator who did something out of the ordinary. He will most likely think the same in the future.

One of the interviewers mentioned the name of the Facebook founder earlier. When I heard his name, the word "fake" almost came out of my mouth. Competition in the computer industry has become extremely fierce, so Jobs didn't acknowledge Facebook as an invention. For him, it was an unoriginal, recycled idea. That's the impression I got. He didn't say it, but the word, "fake" came to my mind.

8 「スティーブ・ジョブズの霊言」を終えて

ジョブズは「自由人」であり、「永遠のイノベーター」

大川隆法　こういう感じですが、まあ、どうしようもないですね（笑）。人を食っています。

　ビル・ゲイツ氏のほうが、ややマクロで、少し組織的にものを見ることが得意かもしれません。

　この人は、やはり「自由人」ですね。基本的には、「自由人」の感じを強く受けました。「自由人」で、その裏に「芸術性」と「宗教性」がある感じでしょうか。その意味では、必ずしもコンピュータでなくてもよかったのかもしれません。ほかのものでもできる人なのでしょうね。

8 Closing Comments for the Spiritual Messages from Steve Jobs

Jobs: Free Spirit and an Eternal Innovator

Ryuho Okawa That's him. There's nothing we can do (laughs). He has a saucy attitude.

Bill Gates sees things from a little more systematic, broader perspective than Jobs does.

Jobs is indeed a free spirit. I got a strong impression that he is basically a free person. He is a person of a free spirit with an artistic and religious nature. It may have worked out for him even if he hadn't been in the computer industry. He probably could have been successful in other fields.

われわれは、未来科学を創造するハッピー・サイエンスとしても、頑張ってまいりたいと思います。今日は、ご指導いただき、本当にありがとうございました。

ジョブズ　オーケー。君たちを助け、力になることを約束しよう。そして、"リンゴ"を１個あげよう。

鶴川　（笑）（会場笑）

ジョブズ　１個ね。

鶴川　ありがとうございます。これからも、ご指導、よろしくお願いいたします。

ジョブズ　ありがとう、さよなら。

三宅　ありがとうございました。

We, Happy Science, will do our best to create the science of the future. Thank you very much for your guidance today.

Jobs OK. I promise that I will assist you and aid you, and that I'll give you one apple.

Tsurukawa (laughs) (audience laughs)

Jobs One.

Tsurukawa Thank you very much. We would appreciate your continued support and guidance.

Jobs Thank you. Bye.

Miyake Thank you very much.

そういう方々に向けて、アドバイスを頂ければと思います。

ジョブズ　宗教の敵になってはいけない。それが大事だと思う。電子機器というものが、宗教を殺すべきではない。
　宗教を、特に、よい宗教を助けてほしい。そして、世界中へ真理を普及(ふきゅう)するのを助けることだ。もし、私たちの仕事が、彼らや君たちを助けることができるなら、私たちは、とてもうれしいね。それが、スピリチュアルな起業家の使命だ。

三宅　ありがとうございます。

鶴川　今日は、ユーモアたっぷりに、また、一部、"禅問答(ぜんもんどう)"がありながら、素晴(すば)らしいお話をたくさん賜(たまわ)り、ありがとうございました。

So it would be really great if you could give some advice to these people.

Jobs Don't be an enemy of religion. I think it's important. Electronic devices should not kill religion.

Please assist religions—especially good religions—and help them spread the Truth all over the world. We will be very happy if our work can be helpful for them or for you. That's how I feel. That is the mission of a spiritual entrepreneur.

Miyake Thank you very much.

Tsurukawa Thank you very much for talking to us with good humor—and with some Zen dialogue, as well. I am grateful that we were able to have this wonderful talk with you today.

7 「電子機器は、宗教の敵になってはいけない」

三宅　最後に、若くして起業家になり、成功するための秘訣についてお伺いします。

　スティーブ・ジョブズさんは、25歳で大金持ちになり、独力で成功した、史上最年少の資産家と言われていました。

　そして、最近も、マーク・ザッカーバーグという、「フェイスブック」をつくった方が、25歳で、「世界で最も若い10人の億万長者」の第1位となるなど、若くして成功する人が、世界中で増えている部分もございます。

　ジョブズさんは、生前、成功の秘訣について、「好きなことを追求して、情熱を持って取り組む」ということをおっしゃっていましたが、今、天上界に還られて、改めて思うこととは何でしょうか。

　世界中に、スティーブ・ジョブズさんに憧れながら頑張っている若き起業家や、「心はまだ青年だ。これから頑張っていきたい」という方々がいらっしゃると思うのです。

7 Electronics Should Not Become the Enemy of Religion

Miyake Lastly, I would like to ask you about the secret of success for young entrepreneurs.

At the age of twenty-five years old, you became known as the world's youngest self-made millionaire.

Recently, Mark Zuckerberg, the founder of Facebook, became the youngest billionaire of the world's billionaires list. Around the world these days, more and more people are achieving success at a young age.

I believe you once said that the secret to success is to pursue what you love with passion. So I would like to know your thoughts on this now that you've returned to Heaven.

I'm sure there are many young entrepreneurs who look up to you, and there are also those who still feel young and hope to achieve success like yours.

ジョブズ　ニュートン２世（注。ニュートンは生涯独身）。

鶴川　スティーブ・ジョブズさんは、前回、地上に生まれたときの名前は何でしょうか。ヒントだけでもお願いします。

ジョブズ　リンゴの木の下で瞑想をした。

鶴川　（笑）菩提樹ではなく、リンゴの下で、瞑想をされたのですね。そして、悟りを開かれた方ですね。

ジョブズ　引力。

鶴川　（笑）分かりました。

Jobs I'm Newton the second (Note: Newton remained single his entire life).

Tsurukawa What was your name in your previous life, before you were born as Steve Jobs? Please give us a hint.

Jobs I meditated under the apple tree.

Tsurukawa (laughs) You meditated under the apple tree, not the Bodhi tree, and you attained enlightenment there?

Jobs Gravitation.

Tsurukawa (laughs) I see.

鶴川　このまま終わってしまうと、ビル・ゲイツさんのほうが、少し有名になってしまうかと思います（会場笑）。それが心配になったので、あなたの秘密をもう少しお明かしいただけないでしょうか。

ジョブズ　私はニュートンの一人息子(むすこ)だよ。

鶴川　ニュートンの息子？　お名前はあるのでしょうか。霊的な名前は？

ジョブズ　霊的な名前？　ニュートンだ。

鶴川　ニュートンご自身ですか。

ジョブズ　ニュートンの一人息子だ。

鶴川　（笑）どちらでしょうか。

Tsurukawa If we end this conversation here, Bill Gates will be more famous than you are (audience laughs). I'm a little concerned about that, so do you think you can reveal your secrets a little more?

Jobs I am the only son of Newton.

Tsurukawa The son of Newton? Do you have a spiritual name?

Jobs Spiritual name? It's Newton.

Tsurukawa Are you Newton himself?

Jobs I'm the only son of Newton.

Tsurukawa (laughs) Which one is it?

鶴川 以前、ビル・ゲイツさんの守護霊が来られたときには、過去世を少し明かしていただいたのですが（注。2010年7月16日、「ビル・ゲイツ守護霊の霊言」を収録）。

ジョブズ 本当？ 本当に？ 彼は"犯罪者"だよ。

鶴川 天使のガブリエルのような通信役として、世界中に通信していると……。

ジョブズ 違う、違う、違う、違う、違う、違う。同意できないな。

鶴川 また、はっきりとはおっしゃらなかったのですが、アルキメデス風のことをおっしゃっていました。

ジョブズ ほら吹きだ。

Tsurukawa When we spoke with Bill Gates's guardian spirit (Note: "Spiritual Messages from the Guardian Spirit of Bill Gates" was recorded on July 16, 2010), he told us a little bit about his past lives.

Jobs Really? Really? He is a criminal.

Tsurukawa He said that he is a messenger, like Archangel Gabriel, and that he is sending messages all over the world.

Jobs No, no, no, no, no, no. I can't agree.

Tsurukawa He didn't say it clearly, but he sounded like he was Archimedes.

Jobs Big mouth.

改めて「ジョブズの過去世」を訊く

林　ずばりお訊きします。ジョブズさんは、今、霊界から地上の世界に対し、どのあたりの人をご指導されているのでしょうか。

ジョブズ　世界中の"農家"、特に"リンゴ農家"を指導している（笑）。それから、瞑想が好きな人たちもね。

三宅　未来科学系ですか。

ジョブズ　君が、もう少し瞑想が好きなら、何かインスピレーションをあげられるよ。しかし、できないだろうね？
　君にはできない。君は、頭を使いすぎているからね。脳みそに頼りすぎている。脳みそを捨てて、魂を使いなさい。ハハハ。

Past Life of Jobs: Take 2

Hayashi I would like to ask you this straight out. Who are you guiding from the spirit world right now?

Jobs I am guiding farmers who live all over the world, especially apple farmers (laughs). And in addition, I am guiding people who like meditation.

Miyake You mean people who are involved in the field of future science, right?

Jobs If you like meditation a little more, then I will be able to give you some inspiration.

But you cannot do that because you think too much. You rely on your brain. Please abandon your brain and rely on your soul. Ha, ha, ha.

ジョブズ ビル・ゲイツ（守護霊）は、すでに幸福の科学に"侵入"していると聞いている。彼は、すでにこの幸福の科学に入り込んでいる。彼は、この幸福の科学を"征服"したいんだ。たくさんの信者が世界中にいて、当然、マイクロソフトの製品を買ってもらえるからね。それが彼の主要な目標だ。彼は、レプタリアン型エイリアンのようだね。ハハハ。ハハハ。ごめんよ。

鶴川 （笑）

ジョブズ 私は、このタイプの科学者として"セカンド・バージン"になりたいんだ。（通訳を指して）これを訳すのは難しいけどね。
　ビル・ゲイツ（守護霊）は、すでにこの教団を"レイプ"している（笑）。ごめん、ごめん。ごめんよ（会場笑）。

　私は大学を卒業していないので、語彙が貧困なんだ。ごめん、ごめん。ごめんよ。

Jobs I've heard that (the guardian spirit of) Bill Gates has already intruded into Happy Science. He wants to conquer Happy Science because you have a lot of believers all over the world. So of course, he wants them to buy Microsoft products. That's his main aim. He's like a reptilian type of alien. Ha, ha, ha. Ha, ha, ha. Sorry.

Tsurukawa (laughs)

Jobs I hope to become the "second virgin" of the new type of scientist. (to the interpreter) It's difficult...

(the guardian spirit of) Bill Gates has already "raped" this sect (laughs). Sorry, sorry, sorry (audience laughs).

I didn't finish university, so I have poor vocabulary. Sorry, sorry. I'm sorry about that.

ジョブズ　リンゴを食べすぎた(笑)。それでガンになった。気をつけるんだよ。ハハハ。

三宅　ジョブズさんも、ビル・ゲイツさんも、同じ1955年生まれです。そのお二人がコンピュータ時代を切り拓いてきたわけですが、そこには、どのような計画があったのでしょうか。「リンゴをつくること」以外に、何かお教えいただければと思います。

ジョブズ　（舌打ち）ああ。

三宅　もっと大きな宇宙から見た計画があったと思うのです。そろそろ、クレージーになられて、本当のことをおっしゃっていただけないでしょうか。

Jobs I ate too many apples (laughs), and it led to cancer, so you should be careful. Ha, ha, ha.

Miyake You and Bill Gates were both born in 1955, and both of you stood in the front line of the computer age. Could you tell us about the plan you had, aside from making "apples?"

Jobs (clicks tongue) Hmm.

Miyake I believe you had a grand plan from the perspective of the universe. It's about time that you become "crazy" and tell us the truth about your plan.

6 「今、世界中の"リンゴ農家"を
　　指導している」

55歳で早逝した本当の理由は？

三宅　ジョブズさんは、2011年10月5日、突然、亡くなられたわけですが、それには、何かしらのスピリチュアルな理由があったのではないでしょうか。もちろん、この世的な原因として、ご病気だったこともあるでしょうが、何か、地上における今回の人生計画として予定されたものがあったのでしょうか。次の宇宙時代に備えてとか……。

ジョブズ　貧困のせいだ。ビル・ゲイツのように、十分なお金を持っていなかったのでね。

三宅　（笑）本当の理由は何でしょうか。

6 Jobs is Guiding All "Apple Farmers" Around the World

The Real Reason for His Early Death at Fifty-Five

Miyake You suddenly passed away on October 5, 2011, and I feel that there was some spiritual reason for your death. Of course in a material sense, your illness was the cause of your death. But was it also part of your life plan for your time on Earth? Perhaps you needed to start preparing for the coming space age?

Jobs Because of poverty. I didn't have enough money, unlike Bill Gates.

Miyake (laughs) Could you tell us the real reason?

鶴川 今の世界情勢を見ると、アメリカも中国もヨーロッパも、非常に混沌としています。そういう意味において、宇宙人の介入を許しやすい状況だと思いますが、よいほうの宇宙人とコンタクトしていく秘訣はありますか。

ジョブズ 私は、ただの"農家"だから知らないな。

鶴川 （笑）

三宅 また、そんな"クレージー"なことをおっしゃって（笑）。農家ではないと思うのですが。

Tsurukawa Looking at the current state of the world, the United States and China, as well as European countries, seem to be in complete confusion. I would think that this chaotic state would make it easy for space people to intervene in matters on Earth. Could you tell us how we can get in contact with the good aliens?

Jobs I am just a farmer, so I don't know.

Tsurukawa (laughs)

Miyake You are saying crazy things like that again (laughs). I'm sure you're not a farmer.

ジョブズ　おそらく、「希望」と「恐怖」の両方があるだろう。

鶴川　そのなかで、「希望」のほうをつかみ取っていくためには、何がポイントになっていくのでしょうか。

ジョブズ　君たちは、防衛のための武器について考えなければいけない。

鶴川　どういう武器でしょうか。

ジョブズ　彼らは、地球人を征服できるだけの十分な科学技術を持っている。だから、防衛兵器が必要だ。それは、ＩＴとかコンピュータ・サイエンスの延長線上にあると思う。銃とか刀ではない。

Jobs You can expect both hope and fear.

Tsurukawa What would be the key to grasping hope for the future?

Jobs You need to think about creating a new weapon for defense.

Tsurukawa What kind of weapon?

Jobs They have a lot of technology that would enable them to conquer people on Earth. You need defense weapons. I think that is an extension of IT and computer science. Not a gun or a sword.

ジョブズ　まず、修行と努力だ。そして、(あなたにとっては)人工甘味料を取ることをためらわないことだよ(笑)。

鶴川　私は、もう人工甘味料は克服しました(注。質問者は、以前、人工甘味料アレルギーだったが、「謎のアレルギーの原因を探る」〔2011年6月29日収録〕において、ライフ・リーディングを行ったことをきっかけに、アレルギーを克服した)。

　ところで、宇宙人や未来科学については、今、アメリカを中心に、「宇宙人から侵略される」というような恐怖でもってPRされているのですが、今のジョブズさんのお話を聴くかぎりでは、「そうではない」ということでしょうか。

　先ほど、「勇気を持って修行していくことによって、一つの希望というか、よい意味でのコンタクトがある」と言われましたが、宇宙人とのコンタクトの未来予想図はありますか。

Jobs First, discipline and efforts. And don't hesitate to take artificial sweeteners (laughs).

Tsurukawa (in English) I have just overcome artificial sweeteners (Note: Tsurukawa used to have an allergy to artificial sweeteners, but after a life reading on him on June 29, 2011, in a session titled, "Searching for the Unknown Causes of Allergies," he overcame his allergy).

Currently, space aliens and future science are depicted, especially in the United States, in ways that provoke fear—for example, alien invasions. But based on what you've said now, it seems like that's not necessarily the reality.

You also said that we may be able to find hope, or communicate with them on good terms, if we become brave and discipline ourselves. Can you forecast how we will come into contact aliens in the future?

三宅　はい、お願いします。

ジョブズ　分かった。私が"リンゴ"を収穫したあとで、何かアドバイスをあげよう。支援しよう。

三宅　もう、"リンゴ"は収穫されているのではないですか。

「ＩＴの未来」は宇宙人とのコンタクト

ジョブズ　君は、宇宙人とか、宇宙船とか、そういう科学的な知識がたくさん欲しいんだろう？　それは、私の会社の未来にあると思う。（林を指して）君は「ＩＴを使う」と言ったが、ＩＴの未来は、宇宙人や宇宙船とのコンタクトだ。確かに使えるよ。

鶴川　未来のコンタクトに備えて、今、われわれにできることとして、何があるでしょうか。

Miyake Yes, please.

Jobs OK. I'll give you some advice after I harvest the apples. I'll assist you then.

Miyake Haven't you already harvested the apples?

"The Future of IT is Contact with Aliens"

Jobs You want to know a lot about space people and spaceships, or that kind of scientific knowledge, right? I think that's in the future for my company. (points to Hayashi) You said that you use IT. I think that the future of IT is contact with aliens and spaceships. You can use IT to do that.

Tsurukawa What can we do to prepare ourselves for future contact with space people?

三宅　今、霊界に還られていますが、マスター・オオカワや教えについて、さらに知ることができているのでしょうか。

ジョブズ　私は"農業"でとても忙しいんだ。

三宅　今、幸福の科学からは、「心の中の宇宙」について書かれた『不滅の法』という書籍が出ており、そのなかで、エル・カンターレという存在も明らかにされているのですが、エル・カンターレという存在はご存じですか。

ジョブズ　分かった、分かった。サービスが必要だね。
　君は、この幸福の科学で、「科学の未来についての知識」と「科学と宇宙との関係についての知識」を必要としている。「宇宙の法」について考えていて、私に、この分野について支援してもらえるか、頼んでいる。そういうことだね？　アイデアを私に聞きたいと？

Miyake Now that you've returned to the spirit world, are you learning more about Master Okawa and his teachings?

Jobs I am very busy with farming.

Miyake We published a book called *Secrets of the Everlasting Truths* that talks about the universe inside the mind. It also reveals the existence of a great being called El Cantare. Do you know about El Cantare?

Jobs OK. OK. You need service.
 You need to gain some knowledge about the future of science and about the relationship between science and the universe in this Happy Science. You are thinking about the laws of the universe, and you're asking me if I can assist you in that area. Am I right? You want to ask me for some ideas.

三宅　その前に、「グランドマスターに帰依しなければならない」ということもおっしゃっていましたが、マスター・オオカワのことはご存じなのですか。

ジョブズ　知っているよ。

三宅　生前から、ご存じだったのでしょうか。

ジョブズ　うーん、少しね。

三宅　どこで、お知りになったのですか。

ジョブズ　私の精神面の先生たちが、彼について教えてくれたんだ。

三宅　教えも、ご存じだったのですか。

ジョブズ　少しね。

Miyake And earlier, you said, "You should take refuge in the Grand Master." Do you know about Master Okawa?

Jobs I do.

Miyake Did you know of him when you were alive?

Jobs Hm. A little.

Miyake How did you hear about him?

Jobs My spiritual teachers taught me about him.

Miyake Did you know his teachings, as well?

Jobs A bit.

ジョブズ 「あなたは、グランドマスターに、まず帰依しなければいけない」と、そのように君は言うべきだ(笑)。

　道具や機械のようなものではない。君には心がある。自分の心の中を見つめなさい。そうすれば、心の中の宇宙が見えるだろうし、神も見える。そして、時が来れば、君のグランドマスターが指導してくれる。

　そして、君は、自分の宇宙を壊して、新しい宇宙を創ることができる。君は天才だから、できるよ。ハハハハハハハ。

「マスター・オオカワ」のことは生前から知っていた

三宅　今、「心の中の宇宙」という言葉がありましたけれども……。

ジョブズ　うん、うん。

Jobs "You should take refuge in the Grand Master." That's what you should say (laughs).

It's not about the tool or machine. You have a heart and a soul. Look inside yourself. Then you will see your universe and your God. Your Grand Master will guide you when the time comes.

You can destroy your universe, and you can produce a new universe. You are a genius, so you can do it. Ha, ha, ha, ha, ha, ha.

When Jobs was Alive, He Knew of Master Okawa

Miyake You were just talking about the universe inside our mind.

Jobs Yeah, yeah.

ジョブズ　駄目駄目。君たちにはできないよ。アップルが、新しいネコか、ヘルキャット（意地悪女）か、はっきりとは分からないが、そういうものをつくるだろう（笑）。

「ネコ」が必要だ。そうすれば、お金を貯められるし、時間を節約できるし、人生も節約できる。

「悟りを高めるためのメディア」はありえるか

林　また"禅問答"になるかもしれませんが、時間を短縮することの一つの意味として、「悟りというか、精神性を高めていく」ということがあると思います。

ジョブズ　悟りの向上？

林　はい。悟りを高めていくことが大事であり、そのためのメディアを考えたいと思っております。そこで、ジョブズさんからヒントを頂きたいと思っているのですが。

Jobs No, no. You can't. Apple will devise a new cat, or a hellcat, or I don't know exactly what it will be (laughs).

You need a cat. Then you'll be able to save money, save time, and save your life.

Media that Elevates Our Enlightenment

Hayashi You might give us another Zen dialogue if I ask you this, but to save time, I believe that we need to seek enlightenment or elevate our spiritual awareness.

Jobs Elevation of enlightenment?

Hayashi Yes. I feel that it's important that we seek a higher level of enlightenment, and my idea is to create some form of media that would help us do that. Would you be able to give me some pointers?

ジョブズ　そう、ネコだ。「ネコ」が、君が言ったような、重要ではない機器を食べて、悪いニュースや悪いコンテンツや悪い機器や、そういったものを除去するだろう。それが「ネコ」だ。ネコの時代がすぐに来るよ。ネズミのあとには、ネコが来る。

鶴川　情報セレクトされた何か？

ジョブズ　そう。

鶴川　シンプルで？

ジョブズ　それが重要なポイントだ。
　これが、今、私が考えていることだね。

鶴川　そちらの世界から、それをインスピレーションとして降ろしたことはありますか。あるいは、それに対し、幸福の科学で、何かできることはありますか。

Jobs Uh-huh, a cat. The cat will eat the devices that you say are not important, and eliminate bad news, bad contents, bad utensils, and so on. That's the cat. The age of the cat will come soon. The cat comes after the mouse.

Tsurukawa Something that selects information?

Jobs Yeah.

Tsurukawa Something simple?

Jobs That is the main point. That's what I'm thinking about.

Tsurukawa Have you sent that idea as an inspiration to someone, from the world you're in right now? Or is there anything we at Happy Science can do to help?

鶴川　一方で、私は、私のグランドマスターであるマスター・オオカワから、「コンピュータとＩＴの時代は終わる。次は、もっとシンプルで、時間を使わずに、誰もが簡単に使えるものが発明される」という予言を聞いています。実は、そのプロジェクトにかかわっていらっしゃるのではないでしょうか。

ジョブズ　そう、そのとおり。マウス（ネズミ）は、キャット（ネコ）に食べられるものだ（笑）。

鶴川　さっきから、"禅問答"になっていますが、これは、あなたの悟りと何か関係があるのですか。

ジョブズ　ネズミのあとに、ネコが来る。

鶴川　ネコ？

5 "After the Mouse Comes a Cat"

Tsurukawa On the other hand, my Grand Master, Master Okawa, predicted that the age of computers and IT will come to an end and that something much simpler and less time-consuming, something that anyone can use easily, will be invented. Do you happen to be involved with that project?

Jobs Yeah, that's true. A mouse should be eaten by a cat (laughs).

Tsurukawa Our conversation keeps turning into a Zen dialogue. Does this have anything to do with your enlightenment?

Jobs After the mouse comes a cat.

Tsurukawa A cat?

鶴川　先ほど、ニュートンの話が出ましたが、「ニュートンが、スティーブ・ジョブズさんのグランドマスター」と考えてよろしいですか。

ジョブズ　（笑）君は天才だ。

鶴川　（笑）「今、ファーマーとして、リンゴをつくっている」ということですが、
　もし、今、ジョブズさんが生きていたら、次の時代の「アップル」を仕込んでいるはずだと思います。

　つまり、今、ニュートンさんとスティーブ・ジョブズさんは、「次のアップル」を考えて、そこを"ファーミング（耕作）"されているのではないでしょうか。

ジョブズ　（笑）

Tsurukawa You mentioned Newton earlier. Is it correct for us to assume that Newton is your Grand Master?

Jobs (laughs) You are a genius.

Tsurukawa (laughs) And you said that you're a farmer growing apples now.
 So I assume that, if you were still alive now, you would be developing a new Apple product for the coming age.
 Are you and Newton "farming" right now to "grow" the next Apple?

Jobs (laughs)

ジョブズ　アップルコンピュータの製品だけを買って、他の会社のものは捨てることだ。これが、一つの選択、よい選択だね（笑）。

林　はい、シンプルですね。

ジョブズ　（笑）

林　もし、みなさんがアップルの製品を持ったら、それは、「アップルが世界標準になる」ということだと思います。ビル・ゲイツさんも、「事業のポイントは世界標準だ」と言っていたと思いますが、ジョブズさんにとっての世界標準のポイントがありましたら、教えてください。

ジョブズ　私は、そんなことは考えない。世界標準は、ビル・ゲイツの主要なコンセプトだと思うが、私は、そのようには考えない。私は、みんなのニーズを考えるんだ。

Jobs Buy products only from Apple Computer and abandon other companies' products. That's the one choice, a good choice (laughs).

Hayashi Yes, that is simple.

Jobs (laughs)

Hayashi If everyone owned Apple products, then Apple would be the global standard. I think Bill Gates also said that the key to business growth is to set global standards with your business' products. Could you tell us what the global standard means to you?

Jobs I don't think about that. I think Bill Gates's main concept of businesses is to set the norm of the world. But I don't think that way. I think about everyone's needs.

5 「ネズミのあとには、ネコが来る」

よき情報選択のカギは「キャット」

林　少し視点を変えたいと思います。

　今、私がＩＴ伝道局で仕事をしていて、強く感じることがあります。それは、先ほど、ミスター鶴川のほうからもありましたが、「情報がすごく氾濫していて、何を選び取っていいのかが分からない」ということです。

　「雑な情報が多いなかで、良質な情報を選択していくには、どうすればよいか」という情報選択のところは、これからの未来産業において、一つポイントになるのではないかと感じているのですが、このあたりで、ジョブズさんは、何かアイデアをお持ちでしょうか。

5 "After the Mouse Comes a Cat"

"The Cat" is the Key to Selecting Valuable Information

Hayashi I would like to ask you a question from a different perspective. In the course of my work in the IT Missionary Work Division, I have become strongly aware of something, and that is, as Mr. Tsurukawa mentioned earlier, that people are overwhelmed by a flood of information, and they are confused about which information they should choose.

I feel that selecting valuable information from a deluge of trivial information will be a vital aspect of development for future industries. Do you have any ideas on this?

ジョブズ　ニュートンの有名なリンゴの話があるよね？それがアップルの起源だ。アップルコンピュータの起源は、そこにある。

　それは、科学から来ているが、神や宗教からも来ているんだ。ニュートン自身が、その両方を象徴しているよね。彼は、科学者であり、神に対する深い信仰者だった。そして、グランドマスターでもあった。何て言ったかな？

鶴川　フリーメイソンですか。

ジョブズ　そのとおり。（鶴川に）君はクレージーだ。いやいや。違う違う。天才だ(会場笑)。そう。ニュートンは、フリーメイソンのグランドマスター(総長)だ。彼は、（フリーメイソンでの）"ミスター・オオカワ"だね。

Jobs You know Newton's famous story about the apple? That is the origin of Apple. That's the origin of Apple Computer.

It's from science and also from God, or religion. Newton himself represents both of them. Mr. Newton was a scientist and also a strong believer in God. And he was the Grand Master of... what do you call it?

Tsurukawa Freemasonry?

Jobs Yeah, that's right. (to Tsurukawa) You are crazy—no, no, you are a genius (audience laughs). Yeah, he was the Grand Master of Freemasonry. He was like Mr. Okawa (of Freemasonry).

ただ、あなたは、生前、東洋思想にも触れられて、合理的な考え方と、東洋的な感性的な考え方を見事に融合されていたのではないでしょうか。私は、「科学的なもの、合理的なものは、宗教的なもの、神秘的なものに奉仕していかなければならない」と考えていますが、その点についてはどうお考えでしょうか。

ジョブズ　私は、リンゴ・ダイエットをしたことがあって、アップルの製品をつくった（笑）。

林　もう少し詳しくお聴かせいただきたいのですが。

But you studied Eastern philosophies when you were alive, so I think that you were able to successfully integrate both the rational mind and Eastern ways of thinking, which are based on sensibility. I feel that scientific and rational things must serve religious and the mystical things. What do you think about this?

Jobs I went on the apple diet, and I produced Apple products and devices (laughs).

Hayashi Could you tell us a little more about that?

ジョブズさんの相棒に当たる方に、ウォズニアックさんがいましたが、その方が、ある雑誌で、「人間が『こうしてほしいな』と思ったことをコンピュータにお願いすると、何でもやってくれる。未来には、そういうバリアフリーで、非常にシンプルなコンピュータができる」というコメントをされていたと記憶(きおく)しているのですが、ジョブズさんも、そういうコンピュータを考えられていたのでしょうか。

ジョブズ　コンピュータは神ではない。神は、もっと霊的で、神聖なものだ。違う。機械ではない。

林　これまで、科学と宗教、あるいは、神秘的なものと合理的なものは、なかなか融合(ゆうごう)していかないと言いますか、失われた過去の文明では、科学が宗教を滅(ほろ)ぼすことも数多くあったと思います。

I remember reading a magazine article once where your partner, Stephen Wozniak, said that in the future, there will be a very simple and user-friendly computer that will be able to do anything that you want it to do if you ask. Was it this kind of computer that you had in mind, as well?

Jobs Computers are not God. God is more spiritual and is sacred. It's different. It's not a machine.

Hayashi Science and religion, or the rational and the mystical, have not really been integrated so far. I believe there have been countless cases of lost civilizations in which science destroyed religion.

ジョブズ　君は、すでに、天国と地上を橋渡しする"神の機械"なんだよ。君や、みんなのなかには、そういう"機械"がある。それが瞑想だ。

林　「ジョブズさんも、静かな時間を取って瞑想をされ、インスピレーション、アイデアをもらっていた」と聞いておりますが、やはり、iPodやiPhoneなどは、そういう時間のなかで生まれたものなのでしょうか。

ジョブズ　私には、単純に、未来が見えるんだ。

林　それは、なぜでしょうか。

ジョブズ　瞑想のおかげだね。

林　その、見ていた未来についてお伺いします。

Jobs You are already a machine of God that bridges Heaven and the earth. So, you already have that kind of machine in you, and so does everyone else. That is meditation.

Hayashi I've heard that you used to take quiet time for meditation to gain inspiration and new ideas. Did you come up with the ideas for your products—such as the iPod and iPhone—during meditation?

Jobs I can just see the future.

Hayashi Why is that possible?

Jobs It's because of meditation.

Hayashi I would like to ask you about the future that you saw.

ジョブズ　好奇心が強いね。好奇心が強くて、美しくて、創造的で、天才だ。すべてだ。すべてが一つだ。

　転生輪廻……。ただ、アメリカ人は、転生輪廻が好きではない。君は、私を、何か別の変な人にしたいと思っているのかい？

林　はい。

ジョブズ　アップルコンピュータは、マックの代わりに"マッド（狂ったもの）"を提供すべきだな。

アップルコンピュータの起源は「ニュートン」にあり!?

林　私は、近い将来、「霊界通信機」を発明したいと思っていますが、「ＩＴ技術は、目に見えないものや、目に見えない世界を表現するためにあるのではないか」と考えています。ジョブズさんも、そうしたことを考えていらっしゃったのではないかと思うのですが、このあたりで、何か、ご意見はありますでしょうか。

Jobs Curious! Curious, beautiful, creative, and a genius. All of them. All in one.

   Reincarnation..., Americans don't like the idea of reincarnation. You want to make me another "curious person?"

Hayashi Yes.

Jobs Apple Computer should supply "Mad" instead of "Mac."

Is Newton's Apple the Origin of Apple Computer?

Hayashi In the near future, I would like to invent a device to communicate with the spirit world. I believe that information technology should be used to express the invisible and the unseen world. I have a feeling that you have had a similar idea. Could you tell us your thoughts on this?

ジョブズ　すでに言ったように、私は"リンゴ農家"なんだよ（会場笑）。"リンゴ"をつくっている。

林　周りには、どのような人がいますか。

ジョブズ　おお、君も天才だね。ああ、難しい人だ。とても難しい。難しい。君も、違う考え方をする。

林　いや、私は、ただの"変人"です。

ジョブズ　そうだね。

林　（笑）

Jobs I already said that I'm an apple farmer (audience laughs). I'm making apples.

Hayashi What kind of people do you see around you?

Jobs Oh, you are a genius, too. You are a difficult person. Very difficult. You think different.

Hayashi No, I'm just odd.

Jobs Yeah.

Hayashi (laughs)

さて、先ほど、過去世の話がありましたが、ジョブズさんは、生前、転生輪廻など、東洋思想を勉強され、悟りを強く求められていたと聞いております。そこで、どのようなことを悟られたのか、少しお教えいただいてもよろしいでしょうか。

ジョブズ　私はいつも宇宙について考えている。そして、この宇宙が創られた秘密について考えている。それは神の領域であることは分かっているけれども、私自身が、このような「新しい科学」の神になりたいんだ。

林　「神」になれましたか。

ジョブズ　まだだね。

林　ちなみに、今は、どういった世界にいらっしゃるのでしょうか。

We talked about your past lives earlier. I've heard that when you were alive, you studied Eastern philosophies, including the idea of reincarnation, and that you were earnestly seeking enlightenment. Could you tell us a bit about the enlightenment you attained?

Jobs I'm usually thinking about the universe and the secret of making this universe. I know that that's the realm of God. But I want to become a god of this kind of new science.

Hayashi Have you become a god?

Jobs Not yet.

Hayashi What kind of world are you in right now?

アップルは、マックの代わりに"マッド"を提供すべき

林　こんにちは。

ジョブズ　はい？

林　私の名前は、林洋甫(ようすけ)です。

ジョブズ　おお、君は英語が話せるんだね。

林　少しだけ。
　ここからは、日本語でよろしくお願いします（会場笑）。

　私は、幸福の科学のＩＴ伝道局で、ＩＴ技術を使って、教えを広げる仕事をしています。

"Apple Computer Should Supply 'Mad' Instead of 'Mac'"

Hayashi (in English) Hello.

Jobs Yeah?

Hayashi (in English) My name is Yosuke Hayashi.

Jobs Oh, you speak English! Right?

Hayashi (in English) Only a little.
   (starts speaking in Japanese) Actually, I will need to speak in Japanese (audience laughs).
   I work at the IT Missionary Work Division of Happy Science, and my job is to use information technology to spread the teachings.

三宅 ジョブズさんには、「日本に親和性がある」と感じる部分もあるのですが、そうすると、過去世で、日本の女王と言いますか、姫と言いますか、そういう方として生まれたことがあるのでしょうか。

ジョブズ 君は難しい人だな。とても難しい。うーん。君はクリエイティブを通り越している。
　それは"最高機密"だから、100億ドル必要だな。

鶴川・三宅 （笑）（会場笑）

鶴川 先ほど、「お金は要らない」とおっしゃったと思うのですが。

ジョブズ 要る。要る。要る。要るんだ。

鶴川 （笑）

Miyake   I have a feeling that you might have some ties with Japan. Were you maybe a Japanese queen or princess?

Jobs   You are a very difficult person. Very difficult. Hmm. You overpassed creativity.

   It's top secret. I need ten billion dollars.

Tsurukawa and Miyake   (laughs) (audience laughs)

Tsurukawa   I thought you said earlier that you didn't need any money.

Jobs   I need, I need, I need, I need.

Tsurukawa   (laughs)

三宅　今は、どのようなことをされているのですか。

ジョブズ　"農家"だ。ただの農家だよ。

三宅　（笑）（会場笑）

ジョブズ　"リンゴ"をつくる人だね。

三宅　過去世については……。

ジョブズ　（右手で頭を叩きながら）過去世っていうこと？　過去世。うーん。過去世、過去世、過去世。うーん。過去世。ふーむ。過去世、過去世……。とても美しい女性だったかもしれない。女王様とか？
　今世は"王様"だ。

Miyake   What type of work are you involved in right now?

Jobs   Farmer. I'm just a farmer…

Miyake   (laughs) (audience laughs)

Jobs   …an "Apple-maker."

Miyake   How about your past lives?

Jobs   (taps head with right hand) Do you mean my past life? Past life, hmm. Past life, past life, past life, hmm. Past life, hmm. Past life, past life…Maybe I was a very beautiful lady, maybe a queen?
   Now, this time, I'm a king.

4 「私は、宇宙を創りたかっただけだ」

過去世は「美しい女性」だったかも？

三宅　また、生前、「宇宙」という言葉をよく使われていたと思います。「宇宙に衝撃を与えるのが、私たちの仕事だ」とか、「宇宙に存在するものなら、自らの手で生み出すことができる」といった表現をされていることが多々ありますが、そういう視点は、どこから来ているのでしょうか。もしくは、魂の起源において、「宇宙から来られた」と言いますか、昔、ほかの星に住んでいた記憶などはございますか。

ジョブズ　私は、ただ神様がうらやましいだけだ。ハハハ。私は、ただ、この宇宙を創りたかっただけなんだ。ハハハハ。

4 I Just Wanted to Create This Universe

Jobs on Past Life:
"Maybe I was a Beautiful Lady"

Miyake Also, you often spoke about the universe while you were alive. You said things like, "We are here to put a dent in the universe," and you also said many times that as long as it exists in the universe, you can create anything with your own hands. Can I ask you where this perspective came from? Did your soul happen to originate from outer space, perhaps? Do you have any memories of having lived on a different planet before?

Jobs I just envy God. Ha, ha, ha. I just wanted to create this universe. Ha, ha, ha, ha.

ジョブズ　みんなに自由を与えることだよ。すべての幸福の科学の会員に自由を与えることだ。そして、「人と違った考え方をしなさい」と言うことだ。

三宅　もし、今、スティーブ・ジョブズさんが幸福の科学に来られたら、どのようなことをされますか。

ジョブズ　まず、(スーツを指して)こういう服は要らない。Tシャツだけで十分だ。(会場を指して) 全員、安いのを着る。ハハハ。そうしたら、君たちもクリエイティブになれる。ハハハ。
　そして、自分が美しい女性であることは忘れることだ。男性とか、女性とか、考えないことだね。

三宅　分かりました (笑)。「自由であって、その自由さから、大きなものを引き出し、世界を変えていく」ということを今後もしていきたいと思います。

Jobs Give freedom to everyone! Give every member of Happy Science freedom. And say to them: "Think different!"

Miyake If you were to come to Happy Science right now, what kinds of things would you do?

Jobs (referring to the suit) Of course, I don't need these kinds of clothes. Just T-shirts, I need. (pointing to the audience) Everyone. It's cheap. Ha, ha, ha. This way, you can be creative. Ha, ha, ha.

And forget that you are a beautiful lady; don't think about a man or a woman.

Miyake I see (laughs). We'll do our best to be free and try to change the world by using freedom to create big things.

「安物のTシャツ」に着替え(きが)れば、クリエイティブになれる？

三宅　ジョブズさんには、「人々を助けたい」という気持ちや、「人々をクリエイティブにしたい」という気持ちがおありだと思うのですが、10代のころに、「ステイ・ハングリー。ステイ・フーリッシュ」（ハングリーであれ。バカであれ）という言葉に出合い……。

ジョブズ　バカであることはいいことだ！　バカはいい！　バカは美しい！　クレージーになれ！

三宅　（笑）そして、「世界を本当に変えるんだ」という思いで、生きていたと思いますが、私たちも、「本当の意味で、世界を変えたい」と思っております。
　スティーブ・ジョブズさんは、そういう大きな野望を持ち、それを具現化、実現化されていったと思います。
　そこで、「夢を実現する秘訣」についてお教えいただけませんでしょうか。

Could Wearing Cheap T-Shirts Help You Be Creative?

Miyake I believe that you have a strong desire to help people and help them be creative. In your teenage years, you came across a phrase that said, "Stay hungry. Stay foolish."

Jobs The foolish are good! Being foolish is good! Being foolish is beautiful! Be crazy!

Miyake (laughs) I think that throughout your life, you really wanted to change the world, and this is what we are also trying to do right now.

You had very big ambitions and tried to actualize them.

Could you please give us your advice on how to realize our dreams?

しかし、私は、そういう「単純さ」は好きではない。何と言うか、彼は、一つの基準をつくって、あらゆる人に、あらゆるビジネスに適用したいだけなんだよ。そのようにして、彼はたくさんのお金を得て、大金持ちになっている。この「単純さ」のおかげで、どう言えばいいかな、みんな、一種類の働きをする"機器"を必要としている。

　一方、私は少し違う。私は、ただ、「誰かが何か製品をつくる前に、自分が提供したい」と考えているだけなんだ。分かるかな？　私は"鎧（よろい）"を提供したいだけだ。つまり、「創造的になるための道具」だね。
　それに対して、ビル・ゲイツは、"完成した機器"を提供しようとする。それが少し違うんだね。
　私は、みんなを助けたいだけなんだよ。

But I don't like such kind of simplicity. How do I say this? He just wants to make one type of measure, and apply it to everyone and every business. That way, he can make a lot of money and become a millionaire. Because of this kind of simplicity, how do you say, everyone needs a device that works with one sort of activity.

But I'm a little different. I think that I just want to supply something before anyone makes some products. You know? I just want to supply the armor, I mean, the tool for creativity.

But Bill Gates wants to supply the completed devices, and this is a little different from my idea. I just want to aid people.

三宅　そのへんの、潜在ニーズの創造や発掘は、どのようにされていたのでしょうか。

　今、企業のなかには、リピーターや新しいファンの創造ができないところも増えていると思います。一方、アップルの場合は、「アップル信仰」と言いますか、「アップルは宗教のようだ」と言われるぐらい、ファンが多くついています。

　「リピーターやファンをつくるところに対して、ジョブズさんやビル・ゲイツさんの思考とか、新たな考え方とかを知りたい」という経営者やビジネスパーソンは大勢いると思いますので、ぜひ、その秘訣等を教えていただければと思います。

ジョブズ　ビル・ゲイツは、毎日、マクドナルドで食べて、世界中にマクドナルドを広げようとしている。それが彼の主要ポイントだ。

Miyake How did you create as well as discover your customer's inner needs?

While many companies are struggling to create repeat customers and attract new ones, Apple continues to have such a huge fan base that it is often compared to a religion and is sometimes even called a religion.

I am sure that many businesspersons out there, including business executives, would like to find out the secret about how people like you and Bill Gates were able to make your customers come back and stay long-term fans. Could you share the secrets with us?

Jobs Bill Gates is eating McDonald's every day and wants to spread McDonald's all over the world. That's his main point.

昨年末、私の母に iPod nano を買ってあげたら、「本当に使いやすい」と言っていました。すごくワクワクしているようで、昨日も、「楽しい」というようなメールを送ってきました。

ジョブズ　"天才"の母が？

三宅　そうだとしたら、世界のすべての方々が「天才」になってしまうのですけれども……。

「機能的な道具」よりも
「創造的になるための道具」の提供を

三宅　まあ、そういうことで、一つ一つのものをシンプルにつくられていると思うのですが、そのなかには、やはり、潜在ニーズと言いますか、お客様の創造性を引き出す力があったのではないかと思います。

ジョブズ　うん、うん。

I just bought my mother an iPod nano at the end of last year, and she sent me an excited e-mail yesterday telling me how easy and fun it is to use.

Jobs   The genius' mother?

Miyake   If you consider me a genius, everyone in the world would be a genius.

Supplying Tools for Creativity, Not Functionality

Miyake   I feel that this mark of simplicity that you give to all your products answers the subconscious needs of your customers and draws out their inner creativity.

Jobs   Yeah, yeah.

三宅　ただ、その過程では、やはり、周りからの軋轢や批判などが、たくさんあると思います。そのなかで、強い個性を生かしながら、たぐいまれなる情熱と行動力で、物事を創造していく秘訣、実行していく秘訣とは何でしょうか。それについてお教えいただければと思います。

ジョブズ　ただクレージーになることだ！　何かにクレージーになることだよ。

　そして、君が言ったように、「シンプルさ」が大事なんだ。イノベーションを図るとき、「シンプルさ」を忘れがちだが、それが問題だ。私たちの世界、ビジネスの世界の年配の人たちには、複雑に考えすぎる傾向がある。それが問題だね。「シンプルさ」とは、「美しさ」なんだ。

三宅　「アップルは、そのシンプルさが製品一つ一つに表れているな」と、本当に感じております。

3 If You Want to Change the World, Just Be Crazy

Miyake In the process of unleashing your abilities, though, I'm sure that you faced a lot of conflict and criticism. Yet, you were able to keep your individuality alive and continue creating new things with an extraordinary passion and drive. How did you manage to do this, and what was your secret? Can you tell us about it?

Jobs Just be crazy! Be crazy about something!

And as you say, simplicity is very important.

You are apt to forget about simplicity when you seek innovation, and that is a problem. The older people in our world and the business world are thinking too much about complexity. That's a problem. Simplicity is beautiful.

Miyake I really see this simplicity is always a part of every single one of your products.

三宅 そんなことはございません。私は、ジョブズさんの創造力やイノベーション力には、とても並外れたものがあると思っております。

「それまでのやり方や古い考え方にとらわれずに、常に新しいものを創造していく。例えば、iPod mini が成功したとしても、それを捨てて、nano に行く」ということをされたりしています。
　とにかく、「選択と集中」を行いながら、「シンプルに物事を考えていく」ということをしていたと思うのですが……。

ジョブズ　「シンプル」、そう、それが、まさにキーワードだ。

Miyake   That's not true. I respect your extraordinary creativity and innovative ability. You are capable of thinking outside the norm and beyond the bounds of traditional ideas to constantly create new things.

Even though you were very successful with the iPod mini, you didn't stick to that success and moved on to create the iPod nano.

You were able to simplify your thinking through 'pick' and 'focus.'

Jobs   Simple—yeah! That's a key word.

三宅　(笑)そして、霊的にご指導いただいているのですが、スティーブ・ジョブズさんにおかれましては、今、世界的に、何かをご指導されているとかいうことはありますでしょうか。

ジョブズ　私が関心を持っているのは、"リンゴの栽培"だけかな。だから、私は"農民"だよ。

三宅　「フルーツがとても好きだった」と聞いておりますし、「アップルのマークも、トマトに見られないように、少しかじったかたちにした」ということも聞いております(笑)。

イノベーションのキーワードは「シンプル」&「クレージー」

三宅　あのー、少し話を戻しまして、創造力と言いますか……。

ジョブズ　君は賢すぎるんじゃないかな。天才だね。

Miyake (laughs) So we are receiving guidance from Bill Gates, spiritually, and I was wondering if you are giving guidance to any organizations in the world.

Jobs I'm just concerned about farming apples. I'm a farmer.

Miyake I heard that you loved fruits very much and that when you created the Apple trademark, you added the bite into the apple to make sure that it wouldn't look like a tomato (laughs).

Key Words for Innovation: "Simple" and "Be Crazy"

Miyake Well, if we can get back to our conversation about your creativity…

Jobs You're too intelligent. You are a genius.

ただ、今、私か、ビル・ゲイツかが、"新年のイエス・キリスト"になるべきだと思う（注。収録は新年だった）。ハハハ。そう願うよ。ハハハ。

三宅　ビル・ゲイツさんとは、とても仲がいいと言いますか、犬猿の仲と言いますか、映画「バトル・オブ・シリコンバレー」では、お二人の関係が非常に面白く、刺激的に描かれていたと思います。

　実は、幸福の科学は、そのビル・ゲイツさんの守護霊様から、「ビル・ゲイツによる世界経営祈願」を頂いています。

ジョブズ　本当？　ああ、それは駄目だ。

Maybe nowadays, I or Bill Gates should be the new year's "Jesus Christ." (Note: It was the new year when this interview was recorded) Ha, ha, ha. I do hope so, and I desire that. Ha, ha, ha.

Miyake I don't know whether you'd say that you are good friends with Bill Gates, or whether you are rivals with him, but the movie, *Pirates of Silicon Valley*, depicted this relationship between you two in a very exciting and stimulating way.

The guardian spirit of Bill Gates actually gives us, Happy Science, his spiritual guidance through a prayer called, "Prayer for Global Management by Bill Gates."

Jobs Really? Oh, that's bad!

ジョブズ （約15秒間、考え込む）

　私のプレゼンテーションは、(机の上のコップを手に持って) ただ、このグラスを君に投げて、君を"死なせる"ことだ。そうすれば、君には別の世界（霊界）が見える。

三宅　お上手ですね（笑）。私には、まだ、こちらでのお仕事が残っておりますので……。

　逆に、ジョブズさんからプレゼンテーションしていただければ、世界中の人々に、興味を持って聴いていただけると思うのです。

ジョブズ　とても難しい。私は、イエス・キリストではないので、そういった仕事(霊界の説明等)はしていないんだ。スティーブ・ジョブズは、スティーブ・ジョブズだ。私はスティーブ・ジョブズであり、イエス・キリストではない。

Jobs   (after thinking deeply for fifteen seconds)

Well, my presentation would be just to throw this glass cup (picks up the glass) at you and kill you, because then you'll see another world (the spirit world).

Miyake   You have such a great sense of humor (laughs). I'm sorry to say it, but I still have work left to do in this world.

So instead, I think that a presentation by you would draw the world's interest to the spirit world.

Jobs   It's very difficult. I'm not Jesus Christ, and I'm not in his kind of business (of describing the spirit world). Steve Jobs is Steve Jobs; I'm Steve Jobs and not Jesus Christ.

三宅　そのプレゼンテーション能力の秘訣とは何だったのでしょうか。「製品を知り尽くし、愛して、最高のプレゼンテーションをする」ということだったと思うのですが、何か秘訣等がございましたら、教えてください。

ジョブズ　"人と違う行動をすること"。
　これが、よいキャッチフレーズだ。

ジョブズが「霊界のプレゼンテーション」をしたら？

三宅　今、もし、霊界にいらっしゃいましたら、「霊界についてのプレゼンテーション」をしていただけたらと思うのですが。

Miyake Can I ask you about the secret behind your presentation ability? I'm sure that loving and knowing your product inside out was an important part of it. Can you share with us any of your valuable advice about this?

Jobs "Act different." It's a nice catchphrase.

If Jobs Gave a Presentation on the Spirit World...

Miyake If it's at all possible, I was wondering if you could offer us a presentation on the spirit world, since you're there right now.

ジョブズ　君は誰？

三宅　あのー、幸福の科学の三宅です（笑）（会場笑）。

ジョブズ　私の娘ではなく？

三宅　「MacBook Air というノートパソコンを茶封筒から出して、いかに薄いかということをプレゼンテーションした」と聞いておりますが、そのプレゼンテーション能力は、本当にすごいと思います。

ジョブズ　ああ、そう、プレゼンテーションね。

三宅　ジョブズさんに関する本で、日本でベストセラーになったものに、プレゼンテーションについての本がありました。

ジョブズ　アハハハ。ハハハハ。

Jobs Who are you?

Miyake Um, I'm Miyake of Happy Science (laughs) (audience laughs).

Jobs Not my daughter?

Miyake In your presentation, you took the laptop, MacBook Air, out of a manila envelope to show everyone how slim it is, and I was amazed by your presentation ability.

Jobs Ah, yeah, presentation.

Miyake Out of the books written about you, the book on your presentation skills became a bestseller in Japan.

Jobs Ha, ha, ha, ha. Ha, ha, ha, ha.

ジョブズ　(しゃべって)見せてください。君は英語を話し、私は日本語を話す。クレージーで、好奇心をそそって、美しくて、素晴らしい！　ハハハ。

三宅　(笑)楽しいですね。私にも、少し"クレージー"な部分があるのですが……。

ジョブズ　分かる。分かる。そうだろうと思う。

三宅　それから、今日は、茶封筒を持ってきたのですけれども……（掲げて、見せる）。

ジョブズ　タブー？

三宅　封筒です。
　ジョブズさんは、生前、茶封筒を使ってプレゼンテーションされたのを覚えていますでしょうか。思い出していただこうと考え、持ってきたのですが。

Jobs   Please show me. You speak in English and I speak in Japanese. That's crazy, curious, beautiful, and fantastic! Ha, ha, ha!

Miyake   (laughs) That sounds like fun. I also have a bit of a "crazy" side to me if I say so myself…

Jobs   Oh, I know, I know. I guess so.

Miyake   I brought a manila envelope with me today. (holds up a manila envelope)

Jobs   Taboo?

Miyake   No, envelope.
   Do you remember making a presentation with this envelope? I brought this today to remind you of the time you did your presentation.

三宅　はい。
　私は、スティーブ・ジョブズさんの大ファンです。私の家には、小学生のときからiMac（アイマック）があり、今でも多用しております。それから、iPod nano（アイポッド ナノ）とか……。

ジョブズ　君は英語を話せるんだろう？

三宅　いえ（笑）。

ジョブズ　うーん。君の日本語は違（ちが）う。

三宅　（笑）日本語を理解されていますね？

ジョブズ　君は、英語を上手に話せるはずだ。

三宅　いえいえ。

Miyake   Yes.

I am a very big fan of yours, Mr. Jobs. I have had an iMac at home ever since I was in elementary school, and I continue to use one. I also have other Apple products such as the iPod Nano…

Jobs   You speak English, right?

Miyake   No (laughs).

Jobs   Hm, your Japanese sounds different.

Miyake   (laughs) I think that you've started to understand Japanese.

Jobs   You can speak English fluently.

Miyake   No, actually, I cannot.

3 「世界を変えたければ、
　　ただクレージーになれ」

ジョブズ流・プレゼンテーションの秘訣を訊く

三宅　初めまして。こんにちは。私は、幸福の科学の精舎活動推進局というセクションで仕事をしている三宅と申します。よろしくお願いいたします。

ジョブズ　ショウ……、ジャ？

三宅　はい、精舎（幸福の科学の研修施設）です。

ジョブズ　ショウジャ、ショウジャ。オーケー？

3 If You Want to Change the World, Just Be Crazy

Secrets to Great Presentations: The Jobs Way

Miyake Hello, it's very nice to meet you. My name is Miyake from the Shoja Activity Promotion Division of Happy Science.

Jobs Sho… ja?

Miyake Yes, shoja (Happy Science temples for spiritual training).

Jobs Shoja, shoja, OK?

鶴川 「子供のように」ですね。分かりました。

　さて、私だけ話をしていてはもったいないですし、今日は、ここに、ジョブズさんの熱狂的なファンもおりますので、二人からも、いろいろと訊いていただきたいと思います。よろしくお願いします。

ジョブズ　おお、助けてください（会場笑）。困ったな。

Tsurukawa Like a child, I see. Well, it will be such a waste if I am the only one who gets to speak with you. We have here two big fans of yours who would like to ask you some questions.

Jobs Oh no, help me… (audience laughs). Oh no!

鶴川 （笑）たいへんありがとうございます。

　ただ、その美しさというものが、他の多くの電子機器と比べて優(まさ)っていたと思います。「アップル社の製品は、ブランド力が高くて、値段が落ちない」という意味において、それは、経営に成功された要因の一つだったのではないでしょうか。

ジョブズ 価格や利益については知らない。そういうことは気にしないんだ。それは、別の人の仕事だね。

鶴川 確かに、「給料を１ドルしかもらっていなかった」という話は、非常に有名です。

ジョブズ 私は、子供のように、ただ遊んでいるだけだよ。

Tsurukawa   (laughs) Thank you very much.

I think that the beauty of your products was far superior to that of most other electronic devices and that this was why Apple became such a strong brand that could keep its high prices. Could that concept of beauty be one of the reasons for the success of your company?

Jobs   I don't know anything about prices or profits, and I don't mind about those things. It's someone else's job.

Tsurukawa   It is a very famous story that your salary was only one dollar.

Jobs   I'm just playing like a child.

ジョブズ 「美しさ」と「好奇心」という、これら二つの言葉は、非常に近い関係にある。インドに惹かれるような人々は、好奇心について考えがちだ。言葉を換えれば、悪い言葉だけれど、クレージー（変わり者）ということだね。「クレージーになる」ということは、「好奇心を持つ」ということで、それが人間の心の美しさにつながるんだ。分かるかな？

鶴川 （笑）

ジョブズ もし、君たちが、ビジネスではないけれども、科学的な宗教というもので成功したいなら、美しくなければいけないし、何かに対してクレージーでなければいけない。

鶴川 （笑）すごい"ご教示"を頂き、ありがとうございます。

ジョブズ 君はそんなにクレージーではないが、そのピンクのシャツだけがクレージーだね（会場笑）。

Jobs "Beauty" and "curiosity": these two words have a very close relationship. People who are attracted to India are apt to think about curiosity; in other words, in bad words though, they are crazy. To be crazy is to be curious, and that's the beauty of the human mind, you know?

Tsurukawa (laughs)

Jobs If you want to succeed in your scientific religion, though it is not a business, you must be beautiful; you have to be crazy about something.

Tsurukawa (laughs) Thank you for such a great advice.

Jobs But you are not that crazy. Only your pink-colored shirt is crazy (audience laughs).

ジョブズ　ビル・ゲイツは、マーケティングのことをよく分かっているはずだ。というのは、彼の製品は全然美しくないからね。しかし、私の製品はとても美しい。だから、彼にはマーケティングが必要だが、私にはマーケティングが必要ないんだ。人々は私の製品に惹かれるから、私にはマーケティングが要らない。ハハハ。

鶴川　私たちも、そこが人気の秘密だと思っています。「リード大学を中退したあと、聴講でカリグラフィーを学んだことが、商品の芸術性や美しいフォルムなどにも生かされている」と聞いておりますが、ジョブズさんの経営や開発においては、この「美しさ」という観点がキーワードだったのではないでしょうか。

Jobs Bill Gates knows a lot about marketing because his products are not so beautiful. But my products are very beautiful. So he needs marketing, but I don't need any marketing because people are attracted to my products. That's why I don't need any marketing. Ha, ha, ha.

Tsurukawa We also think that's the secret of your products' popularity. I heard that you audited calligraphy classes even after you dropped out of Reed College, and that what you learned influenced the artistic quality and the beautiful forms of your products. Could it be true that beauty was key to how you managed your company and developed your products?

美しい製品にマーケティングは要らない

鶴川　私が伝記を読み、面白いと思ったのは、商品を開発するに当たって、マーケティングをなるべく度外視されていたことです。「ご自身が『面白い』と思うものをつくり出し、売って、それで世界中に広げていく」というプロセスは、非常に独創的だと思ったのですが、どのようなポリシーがおありだったのですか。

ジョブズ　マーケティングかい？　マーケティングのことはよく分からない。私は、面白いことを考えているだけだ。それだけだよ。

鶴川　本当に、そうですか。謙遜されて、そうおっしゃっているのでしょうか。

Beautiful Products Don't Need Marketing

Tsurukawa   When I read your biography, I found it very interesting that you didn't rely on marketing when developing your products, but rather you tried to create what you found interesting and then sold it throughout the world. I thought this process is highly creative and I was wondering if you could tell us what sort of policy you worked with.

Jobs   What, marketing? I have no idea about marketing. I just keep thinking about interesting things. That's all.

Tsurukawa   Are you sure? Or are you just being humble?

鶴川　私が思うに、コンピュータは、生活のなかで非常に便利なものではありますけれども、一方で、考えることを失ったり、情報に溺れてしまったりする危険性があると思います。

しかし、それをつくられているスティーブ・ジョブズ様は、非常にクリエイティブな頭脳を持っていらっしゃいます。それは、先ほど少しおっしゃっていたように、ヨガやメディテーションという、スピリチュアルな時間を取られていたからではないでしょうか。そこが秘訣ではないかと思うのですが、いかがでしょうか。

ジョブズ　この世には、たくさんの電子機器が溢れているけれども、今は、新しいものや、創造的なものはないよね。新製品の洪水のなかで、創造的なものを見つけるのは、かなり難しくなっている。

Tsurukawa Computers are very useful and convenient in our daily lives, but on the other hand, they can lead to the loss of our ability to think and can cause us to become lost in a flood of information.

So it's very interesting that you had a very creative mind even while you were creating computers. I think that practicing yoga and meditation, which you mentioned earlier, provided you with valuable spiritual time, and my hunch is that this might have been the secret to your creativity. What do you think?

Jobs There is a flood of electronic devices in this world, but none of them are new or creative now. It is very difficult in this flood of new products to find creativity.

鶴川　そのとおりです。

　アップルの製品は、アップルⅠから始まり、マッキントッシュ、そして、最近では、iPhoneやiPad、iPod、iTunesなど、独創的な商品に満ち満ちています。

ジョブズ　それは、もう時代遅れのものなんだよ。創造性とは、新しいものだ。

鶴川　今日は、まず、その独創的な発明の秘訣、創造性の秘訣をお教えいただければと思っておりますので、よろしくお願いします。

ジョブズ　人と違う考え方をすることだ！　「シンク・ディファレントリィー」ではない。「シンク・ディファレント」だ。

Tsurukawa That's right.

The first Apple product was the Apple I, which was followed by the Macintosh. More recently, your company created the iPhone, iPad, iPod, and iTunes, and all of them are full of creativity and originality.

Jobs Those are the old-fashioned types of products, now. Creativity means a new one.

Tsurukawa Today, we would really like to find out the secrets to your originality and creativity.

Jobs Think different! Don't "think differently," but "Think different."

鶴川　噂どおりユーモアがとってもお上手ですね。今日は、楽しい一日になりそうです。

ジョブズ　ああ、ありがとう。

iPodやiPhoneは「もう時代遅れ」？

鶴川　今、世界中の方が、スティーブ・ジョブズ様に、何か一つ訊きたいと言えば、おそらく……。

ジョブズ　リンゴかな？「リンゴを食べますか」「リンゴは好きですか」、みんな、そのことを訊くね。

鶴川　そのとおりですね。

ジョブズ　（笑）（会場笑）

Tsurukawa Just like the rumors said, you have a great sense of humor. I'm sure that it will be very fun talking with you today.

Jobs Ah, thank you very much.

iPod and iPhone are Already Old-Fashioned

Tsurukawa Perhaps the one question everyone in the world wants to ask you is…

Jobs Maybe about an apple? Or maybe people want to ask me, "You eat an apple?" or "You like an apple?"

Tsurukawa That's right.

Jobs (laughs) (audience laughs)

鶴川　（笑）分かりました。

ジョブズ　あなたは、私のメンター（指導者）、あるいは、グルかもしれない。

鶴川　今日は……。

ジョブズ　君は菜食主義者だね（会場笑）。

鶴川　あなたこそ菜食主義者ですよね。私は知っていますよ（笑）。

ジョブズ　君もか。

鶴川　いいえ（笑）。

ジョブズ　君はとても細いし、菜食主義者だろう？

Tsurukawa (laughs) I see, OK.

Jobs You might be my mentor, or a guru!

Tsurukawa Today...

Jobs You are a vegetarian (audience laughs).

Tsurukawa *You* are a vegetarian. I know that (laughs).

Jobs You, too!

Tsurukawa No (laughs).

Jobs You are very thin so you must be a vegetarian.

スティーブ・ジョブズさんが亡くなられて、今、世界中の人々が非常に悲しんでいて、日本でも追悼番組を流したり、いろいろな書籍が発刊されたり、一種のブームが起きております。

ジョブズ　いや、いや、違う。笑っているよ。ビル・ゲイツは笑っているんだよ。

鶴川　（笑）（会場笑）
　今日は、さまざまなアドバイスを頂きたいと思っております。

ジョブズ　君たちは"科学"で、アドバイスが必要なの？ うーん。宗教的科学というのは、さっぱり分からないけどね（笑）。
　ヨガや瞑想は知っているよ。でも、あなたも知っているよね。霊的な考えを私に教えてくれないとね。

Many people around the world have been very sad that you passed away. Here in Japan, your death has created a sort of trend, and we've seen many TV shows commemorating your death and books about you being published.

Jobs   No, no, no, laughing. Bill Gates is laughing.

Tsurukawa   (laughs) (audience laughs)

We would like to ask you for a lot of advice today.

Jobs   So you're "science" and you need advice? Hm, I have no idea about religious science (laughs).

I know yoga and meditation. But you also know about them, so you must teach me about your spiritual ideas.

鶴川　私たちは、未来の科学、未来の思想、未来の経済、未来の政治など、あらゆるものを、エル・カンターレ、大川隆法総裁の思想に基づいてつくろうとしています。

ジョブズ　うーん！「君たちは、違う考え方をするタイプの人々だ」ということは分かる。そうだよね？　私たちは同じかい？

鶴川　はい。同じです。

ジョブズ　基本が？

鶴川　はい。

ジョブズ　うーん。

鶴川　今日は、こうした奇跡の機会を頂き、ありがとうございます。

Tsurukawa　We are trying to create the future of the sciences, philosophy, economics, and politics based on El Cantare, Master Okawa's teachings.

Jobs　Ahh! I understand that you are the sort of people who think different, right? So we are the same?

Tsurukawa　Yes, we are the same.

Jobs　The base?

Tsurukawa　Yes.

Jobs　Uh-huh.

Tsurukawa　Thank you for giving us this miraculous opportunity to talk to you.

ジョブズ　え？　え？　何の科学？

鶴川　幸福の科学です。

ジョブズ　幸福の科学？　ああ、幸福の科学ね。それは、どういう科学なんだい？

鶴川　宗教団体です。

ジョブズ　どうして？　そして、科学なの？　おお、素晴(すば)らしい！

鶴川　「見えない世界を科学的に探究していく」という意味において、私たちは、スティーブ・ジョブズさんの未来を創造していく仕事と、同じ仕事をさせていただいている者だと思っております。

ジョブズ　本当に？　どういった感じの創造性なんだ？

Jobs Huh? Huh? What science?

Tsurukawa Happy Science.

Jobs Happy Science? Oh, Happy Science. What kind of science is that?

Tsurukawa This is a religious organization.

Jobs Why? And science? Oh, incredible!

Tsurukawa In the sense that we're scientifically investigating the invisible world, our job is similar to your job of creating the future.

Jobs Really? What sort of creativity do you mean?

2 「私にはマーケティングが必要ない」
ユーモアたっぷりの「ジョブズ復活」に沸く聴衆

ジョブズ　うん？　私に何が起きたのだろう？

鶴川　おはようございます。

ジョブズ　うん？

鶴川　アップル創業者のスティーブ・ジョブズ様でいらっしゃいますか。

ジョブズ　前ＣＥＯ（最高経営責任者）。そうだ。

鶴川　本日は、日本の宗教団体である幸福の科学の総合本部に、霊言というかたちでお越しいただき、本当にありがとうございます。

2 I Don't Need Marketing

Audience, Thrilled by the Return of Jobs and His Humor

Jobs Hmm? What happened to me?

Tsurukawa Good morning.

Jobs Huh?

Tsurukawa Are you Mr. Steve Jobs, the founder of Apple Inc.?

Jobs Ex-CEO. Yeah.

Tsurukawa Thank you for joining us at Happy Science General Headquarters to give us a spiritual message.

大川隆法 それでは、これから呼んでみます。

(瞑目し、しばらく深呼吸をしたのち、両手を胸の前で交差させる)

昨年亡くなられたアップルコンピュータのスティーブ・ジョブズさんの霊をお呼び申し上げたいと思います。
　スティーブ・ジョブズの霊よ。スティーブ・ジョブズの霊よ。どうか、幸福の科学総合本部に降りたまえ。

スティーブ・ジョブズの霊よ。スティーブ・ジョブズの霊よ。どうか、幸福の科学総合本部に降りたまえ。

(約20秒間の沈黙)

1 Holding a Spiritual Interview with Steve Jobs Three Months After His Death

Ryuho Okawa   OK, then, let us start.

(closes eyes, takes a few deep breaths, and crosses arms in front of chest)

I will summon the spirit of Steve Jobs of Apple, who passed away last year.

The spirit of Steve Jobs, the spirit of Steve Jobs, please come down to Happy Science General Headquarters.

The spirit of Steve Jobs, the spirit of Steve Jobs, please come down to Happy Science General Headquarters.

(about twenty seconds of silence pass)

「ああいうふうに、世界中でバアーッと売れるような経験をしてみたいな」とも思うのですが、相変わらず、文系の"しがない仕事"をコツコツと積み上げているような状況です。世界中で同時に何千万台も何億台も売れるようなことはまだありませんので、「少しさみしいな」とは思っています。

　さあ、どのくらいの人でしょうか。今日は、それを確かめてみたいと思います。
　今回、おそらく、日本語は無理でしょう。まあ、慣れてきたら途中で切り替わるかもしれませんがね。
　ところで、鶴川さんは、英語がベラベラですよね？　以前、ニューヨーク支部長を3日ほどやりましたものね（笑）。

鶴川　いえ、厳しいですね。今日は、日本語で行かせていただきたいと思います。

Sometimes I think that it would be very nice to experience the feeling of having our products spread all over the world like wildfire, but I've been continuing to use the steady method of building up my work that's typical of liberal arts types. It's a little sad that I'm not able to sell tens of millions and hundreds of millions of products around the globe.

Well, I wonder how great he is. We will try to find out now. I think that he will have difficulty using Japanese today, although he might get used to it and be able to switch after a while.

By the way, Mr. Tsurukawa, you're fluent in English, correct? Since you were the New York branch manager for three days (laughs)?

Tsurukawa   No, I think that it will be difficult for me to use English. Please allow me to speak in Japanese.

また、インド系の新宗教等にかぶれ、ヨガや瞑想などをやり始めていたジョブズは、大学を中退したあと、いったんは、50人ぐらいの小さな会社に無理やり押し込むかたちで就職したのですが、すぐにインドへ７カ月ほど行っています。そういう意味では、意外に、接点はあるかもしれません。

　さらには、日本人の禅の師匠のもとで学び、その後も禅をずっとやっていたようなので、スピリチュアルなものを、ある程度、理解できる人ではないかと思います。ただ、それが、どれほど宗教性を持ったものであるかは、実際に聞いてみないと分かりません。

アップルの創業者スティーブ・ジョブズを招霊する

大川隆法　私と１歳違いの方ではありますが、「世界的に名を成し、この世を去った」ということでは、少しうらやましいような感じもします。

There was a period when he became involved in a modern Indian religion and started taking up things such as yoga and meditation. After Jobs quit college, he forced his way into a small company of about fifty employees, but then immediately left to travel to India for seven months. So in that sense, there could be some kind of connection between him and us.

Also, he once studied with a Japanese Zen mentor, and he continued practicing Zen afterward, so he probably has some understanding of spirituality, but we won't know how much of it includes a true religious spirit until we actually talk to him.

Summoning Steve Jobs, the Founder of Apple

Ryuho Okawa It must be nice to have left a great name for himself before dying, though he was only a year older than me.

「スピリチュアルなもの」への理解もあったジョブズ

大川隆法　こういう人から何が引き出せるかは分かりませんが、スティーブ・ジョブズの言葉として、例えば、「スターバックスが売っているものは、コーヒーではなく、職場でも家庭でもない『第三の場所』だ。それと同じように、アップルが売っているものも、コンピュータではなく、『人間の可能性を解放するツール』なのだ」というものがあります。

　そういうコンセプトを持ってやっていて、一種の「グル」（導師）というか、精神的指導者のようなところもあった方のようです。

Jobs Had an Understanding of Spirituality

Ryuho Okawa It will be interesting to see what we'll be able to find out from someone like Steve Jobs. For example, he has said that Starbucks does not sell coffee; it sells a third place between work and home, and he explained that in the same way, Apple does not sell computers, but sells tools to unleash human potential.

So in a way, he was like a "guru" or even a type of spiritual leader who had this concept.

このジョブズと、ほとんど同期というか、同い年ぐらいに、ビル・ゲイツその他、錚々(そうそう)たるメンバーがいますが、最初は、ジョブズが、いわば「帝王(ていおう)」、ビル・ゲイツが「大臣」という関係であって、ジョブズのほうが先発でした。

　私がアメリカにいたころ、マイクロソフトは、まだ、その名前どおり、小さい印象があって、「巨人(きょじん)ＩＢＭに使ってもらうだけでもありがたい」というような会社だったのですが、たちまちのうちに大きくなり、あれよあれよという間に、立場が逆転してしまったのです。

　いずれにせよ、彼らが現代のアメリカに出た天才たちであることは、間違いありません。「学業を終えるまで待っていられず、時流を見逃(みのが)さずに事業を始め、コンピュータ開発の波に乗って成長した」という意味では、ある程度、時代精神を体現している方々であろうと思います。

Bill Gates and other big names are contemporaries of Jobs and are close in age. In the beginning, to use an analogy, Jobs, who showed up on the scene earlier, was like the monarch, and Gates was like the cabinet secretary.

Microsoft, exactly as the name implies, was still a small company when I lived in the United States, and they were lucky to have been able to sign a contract with such a tech giant as IBM. But it wasn't long before the tables turned, and in a flash, Microsoft became a bigger giant.

In any case, there is no doubt that these people are modern American geniuses. They could anticipate the coming age and did not wait until finishing college to begin their businesses, and they made sure that their enterprises would ride the growing trend of computer development. In that sense, these figures are embodiments of the spirit of their age.

また、幼いころ、養子に出されたことは、「心の傷」としてかなり残っていたようです。両親も、それを隠さなかった方であったため、本人も、わりに早いうちから知っていました。
　そのせいか、恋人に子供ができても、「自分の娘だ」と、なかなか認知しませんでした。ただ、あとになって認知し、娘さんがハーバード大学に入るまで、一緒に暮らしたようではあります。

　いずれにしても、家庭環境として、そういう問題はあったようです。

現代のアメリカに出た「天才」の一人

大川隆法　大学は、リード大学というところに入りますが、授業が面白くなくて、勉強することもなく、すぐに中退しています。ただ、その後も、カリグラフィー（文字を美しく書く技術）という、アート系のクラスを聴講し、18カ月間ほど大学にかかわっていたようです。

His adoptive parents did not hide the fact that he was adopted, and Jobs knew about it from a young age. He carried this deep scar in his heart.

Could this have been part of why he initially denied that he had fathered his pregnant girlfriend's child? He acknowledged the girl as his daughter later, though, and they lived together until she went off to attend Harvard University.

As we can see, Jobs went through difficulties in his family relationships.

Steve Jobs is a Modern American Genius

Ryuho Okawa　Jobs went to Reed College but dropped out right away after finding the classes boring and stopped studying. For eighteen months, however, he continued auditing classes, including an art course in calligraphy.

「生後、すぐ養子に出される」という不遇な生い立ち

大川隆法　スティーブ・ジョブズの生まれは、けっこう不遇です。

　アメリカで生まれていますが、父親がイスラム圏の人だったため、身内から結婚を許されず、出産後、すぐに養子に出されています。

　母親は、養子に出す条件として、「大学を出ていて、きちんと教育してくれる人」という条件を付けましたが、結局、そういう相手のところには行かず、車の修理をしている人のところへ行くことになります。「きちんとお金を貯めて、大学にはやるから」という約束で、泣く泣く引き渡したような状況だったらしいのです。

Unfortunate Childhood: Adopted at Birth

Ryuho Okawa Steve Jobs was born into quite unfortunate circumstances.

He was born in the United States, but since his father came from an Islamic country, their family objected to their marriage, and Jobs was put up for adoption as soon as he was born.

His mother had one condition for the foster parents: she hoped that they would be college graduates who would provide him with a proper education. Jobs was not sent to the kind of family that she requested for, and instead, to his adoptive mother and adoptive father who was a mechanic. They promised her that they would save money and make sure to send him to college. With that promise, Jobs's biological mother tearfully sent him to his adoptive parents.

ピクサーの作品は、「ファインディング・ニモ」につながるシリーズなどが有名です。また、「ジュラシック・パーク」のＣＧ制作にも一部関係しています。

　そのあたりで有名になって、もう一回、盛り返してくるのです。
　そして、1996年には、アップル社に約10年ぶりに呼び戻されます。30歳のときに追い出されるのですが、外部で成功し、40歳でまた帰ってくるのです。

　その後、みなさんもご存じの「iMac」や「iPad」「iPod」など、新しいものを出してヒットさせています。

　去年、新商品を発売した直後にもかかわらず、役員の辞任を発表したので、「変だな」と思っていましたが、病気ですぐに亡くなってしまいました。

Pixar is also known for a series of computer-animated films, including *Finding Nemo*, and also for contributing to the computer graphics of *Jurassic Park*.

Jobs rose to fame again around that time and became successful.

Then, Jobs was called back by Apple in 1996 approximately ten years after he had left. This meant that he was kicked out when he was thirty, and then returned at the age of forty after becoming successful in another company.

After this comeback to Apple, he continued to make new products and turn them into hits, including the iMac, iPad, and iPod, which you all know of.

Then, last year, when I heard that Jobs stepped down from the board despite having just released a new Apple product, I figured that something must be wrong, and sure enough, he passed away soon after from an illness.

そのころ、ＣＥＯのスカリーが本を出し、「アップルを立て直した」ということで、非常に有名になりましたが、私も、年上の難しい人たちを使っていたので、その本を見たときに、「ああ、嫌な感じだな」と思った覚えがあります。

　当会も、自分の力が足りず、経験のある人を使わないと、なかなか運営ができなかったのですが、ジョブズが会社を追い出され、スカリーに乗っ取られたのを見て、「嫌なイメージだな。早く当会も成長しないといけない」と思ったわけです。そのことを強く記憶しています。

ピクサーでの成功、そして、アップルへの復帰

大川隆法　その後、ジョブズがＣＥＯになったコンピュータソフトのピクサーという会社は、ディズニーと組んで、コンピュータ・グラフィックスを使ったリアリティーのある映像のアニメ映画をつくるようになり、やがて1995年には大ヒットします。

Around that time, when John Sculley was a CEO, he published a book about how he rebuilt Apple. This made him very famous. Since I was also employing people who were older and more difficult to work with, seeing his book made me feel very uneasy.

Since I did not have enough skills to run the organization by myself, I had to use experienced people to assist me. I remember very clearly that seeing the situation of Jobs being kicked out and Sculley taking over Apple, made me uneasy. I felt that Happy Science must grow quickly.

Success at Pixar and Return to Apple

Ryuho Okawa Steve Jobs later became the CEO of Pixar, a computer software company, which collaborated with Disney to make realistic animation movies using computer graphics. One of their films became a big hit in 1995.

スカリーと仲良くやっていた蜜月時代もあったのですが、たちまち喧嘩になり、取締役会で、創業者のジョブズが追い出されるという結果になったのです。

　そのころ、会社は経営不振に陥っていました。ジョブズには、マーケティングや財務などの知識がなく、経営ができないのに、口を出させるといくらでもやってしまうため、「もう口を出させるな」ということで、結局、追い出されるかたちでアップルを辞めさせられたわけです。

　それから、ジョブズは「流浪の旅」に出ます。このあたりは、昔の英雄伝説のようですが、ジョブズも、いったん名を上げたあと、"都落ち"し、「流浪の旅」に出て、やがてまた帰ってくることになりました。
　私も、当時のことはよく覚えています。
　というのも、私のほうも、ちょうど1986年に幸福の科学を始めたばかりで、87年、88年、89年とやっていったものの、やはり運営は難しく、自分よりもかなり年上の方を幹部に使っていたからです。

1 Holding a Spiritual Interview with Steve Jobs Three Months After His Death

Initially, there was a honeymoon period when the two got along, but their relationship quickly soured, and the board eventually decided to let go of Jobs, the company's founder.

Apple had been doing poorly at the time. Jobs had little knowledge of finances and marketing and had poor management skills, but he involved himself in these aspects of the business anyway. He was forced to resign because the company wanted to stop him from interfering.

Then Jobs became a sort of vagabond. But like the heroes of the old legends, he left the front line and set out on a journey after making a name for himself and then returned to reclaim his spot.

I have a very vivid memory of those days because I had also founded an organization, Happy Science, in 1986. After three years, operating the organization was difficult indeed and I was appointing people who were much older to assist me.

要するに、大きくなりすぎて、経営ができなくなっていたのです。「ガレージから始めたベンチャー企業だったけれども、人を雇って会社を経営するとなると、もうできなくなってきた。やはり、誰かベテランを呼ばなければ、これ以上の会社の発展には耐えられない」ということで、ペプシコーラの会社の責任者だったジョン・スカリーという人をスカウトしました。

　スカリーは、ジョブズよりもだいぶ年上で、20歳近く離れていたと思います。まだ20代の終わりぐらいだったジョブズは、その人に経営のほうをさせようとしたわけです。

　ところが、ツートップは、やはりうまくいかず、経営から身を引くよう要求されるようになりました。ジョブズには、あまりにもマネジメントの知識がなさすぎたため、「会社の運営に不適」と判断されたのです。

The business had expanded beyond his management capabilities. It was a venture business that had started in a private garage, but it became difficult for him to manage it when the company grew to the level of management where it hires people. It was then that Jobs head-hunted John Sculley, who was the CEO of Pepsi-Cola at the time.

Sculley was much older than Jobs; they were about twenty years apart in age, and Jobs was still in his late twenties when he asked Sculley to manage the company.

Unfortunately, having two heads did not work out well, and Sculley eventually asked Jobs to withdraw from the management because he believed that Jobs lacked knowledge of management and was unfit to be in charge of operations.

それでも、「すごい新商品だ」ということで、世を席巻し、スティーブ・ジョブズの名前はかなり有名になっていました。

　私が日本に帰ってくる直前には、「次は『マッキントッシュ』が発売される」という噂が流れていて、名前を聞いた覚えがあります。そのあと、1984年に発売されたのではないかと思います。

　このあたりで、スティーブ・ジョブズの"神話"のようなものがかなり出来上がりつつありました。20代で、すでに大金持ちになっていたのです。

スカウトした年上の経営者に会社を追い出される

大川隆法　ただ、マッキントッシュや、リサ（Lisa）という、娘の名前を付けたコンピュータを出したあたりで、経営状態が危なくなっています。

But the Apple II was hailed as a groundbreaking product around the world, and Steve Jobs became very famous.

Just before I returned to Japan, there were rumors about their next product, the Macintosh, which I remember hearing about. I believe that it came out in 1984.

It was around that time when Steve Jobs became legendary; he became a huge financial success in his twenties.

Being Forced to Resign by the Older Executive He Recruited

Ryuho Okawa When Apple came out with Macintosh and Lisa, which was named after Jobs's daughter, it started experiencing management difficulties.

まだ日本の会社では使われていなかったため、アメリカへ行ったとき、「これは何ですか」と訊いたところ、「アップルⅡを知らないのか」とバカにされたのをはっきりと覚えています。彗星(すいせい)のごとく現れて急に有名になったものだったので、ついていけなかったわけです。

　私が東大の学生だったころには、駒場(こまば)の大時計台の下に、巨大(きょだい)なコンピュータが１台あっただけで、統計学の授業を取る人のみ、触(さわ)ってもよいことになっていましたが、一般(いっぱん)の学生が触る機会はほとんどない時代だったので、「これがアップルⅡです」と言われても、「ああ、そんなものですか」という感じだったのです。

　ただ、それは、みなさんが今、使っているようなコンピュータとは違い、奥行(おくゆ)きのあるブラウン管テレビぐらいのモニターが載(の)っているものでした。

Japanese companies were not using the Apple II at the time, and I remember being teased by my colleagues in the United States when I asked them what it was. They couldn't believe that I didn't know about it. The Apple II's success shot up so quickly that I had not heard about it until then.

When I was still a college student at the University of Tokyo, there was only one giant computer in the building with the clock tower on Komaba campus, available only for students who took statistics class. Most students at the time had such little access to computers that when I first saw the Apple II, I thought to myself, "So that's what it looks like."

Computers back then were different from the ones that people use today; their monitors were still the size of bulky CRT televisions.

コンピュータ会社を起業し、20代で大金持ちになる

大川隆法　スティーブ・ジョブズは、1955年2月24日生まれで、私より一つほど年上です。

　彼が仕事を始めるきっかけとなったのは13歳ごろのアルバイトで、その後、アップルという会社をつくったのは21歳のときでした。コンピュータの組み立ては自宅のガレージで始めたようです。彼より5つぐらい年上で、「もう一人のスティーブ」と呼ばれるコンピュータの設計が上手な天才的な人（スティーブ・ウォズニアック）がいたのですが、その人と一緒に取り組んだのがアップルの始まりでした。

　最初のコンピュータがある程度当たり、さらに、1977年には、後継機の「アップルⅡ」が発売されていますが、それは、私の大学時代のことです。

　その後、私は、商社に入り、レーガン政権が始まったころアメリカへ渡ったのですが、当時のアメリカは、アップルⅡの最盛期でした。

Jobs's Founding of Apple and Financial Success in His Twenties

Ryuho Okawa Steve Jobs was born on February 24, 1955, and is about a year older than I am.

He started working part-time when he was around thirteen years old and later started his own company, Apple, at the age of twenty-one. It seems he started building computers in his garage. Apple started out with him working together with the other Steve (Stephen Wozniak), who was five years older than him and who was also a genius at designing computers.

The first computer that they created was moderately successful, and in 1977, they came out with their second computer, the Apple II, when I was in college. Later on, I joined a trading company and went to live in the United States just as the Reagan administration took office. It was at this time, that the Apple II reached the peak of its success.

また、私には、デジタル家電の知識はあまりありませんし、そのあたりの英単語の語彙も十分にはありません。そのため、話の内容が、製品の性能や使い道、同業他社のものとの違い等になってくると、もしかしたら、クラシカルなビジネス英単語しか使えない可能性があります（笑）。

　場合によっては、「最先端のデジタル家電をやっていた人の英語にしては、すごく古くさい単語を使っているな」というように感じられる部分もあるかもしれませんが、もし、そうなったら、そのへんはお許し願いたいと思います。
　私としては、「技術者としてのスティーブ・ジョブズ」のほうに突っ込んでいくのは、やはり無理なような気がします。ただ、この人は、「創造性」ということに非常に関心のあった方ではあるようなので、できれば、そちらのほうで、われわれにとっても何か参考になることを得られればと思います。

Also, I'm not up-to-date on the latest digital electronics and might be lacking in the vocabulary that is necessary to discuss these topics. If we start talking about the performance and uses of Apple products and how they are different from that of competitors, then this spiritual message might be spoken in traditional, business English (laughs).

It might be very odd to see someone who used to be at the forefront of cutting-edge digital electronics using old-fashioned words, but I hope that you will forgive me if that happens.

I think that it will be difficult to interview him about his work as a technician. But he seems to have had a keen interest in creativity so instead, I hope that we'll focus on finding out about his creative side, which will be more useful to us.

そこで、今日は、相手として少し難しそうな感じはしますが、いちおうトライしてみるつもりです。

　ただ、亡くなられてから、それほど日がたっていないため（10月５日）、死後の居場所がどのへんであるかはまだよく分からないでしょうし、「おそらく、日本語での霊言は難しいのではないか」という感じもしています。本人の霊格（れいかく）が非常に高く、天上界（てんじょうかい）にスッと行っている場合には日本語でもできますが、まだ、日本語を認識して"変換（へんかん）"できるところまでは来ていないと思われるのです。今回は、英語になる可能性が高いのではないでしょうか。

　彼は、アメリカ西海岸サンフランシスコ訛（なま）りの、早口の英語を話し、とても気が短いらしいので、通訳を入れて話をしようとすれば、怒（いか）り始める可能性がないとも言えません。そのへんが非常に難しいところです。

He may be the type of person who could be a little difficult to talk to, but we'll give it a try anyway.

It hasn't been too long since he passed away (October 5), so he might not be clearly aware of his whereabouts in the other world yet. I also have a feeling that he will have a difficult time giving a spiritual message in Japanese. Spirits with a high spiritual level who returned to Heaven smoothly are capable of using Japanese, but I believe that he is not yet at the stage where he can understand and translate into the Japanese language on his own. It's most likely that he'll speak only in English in this session.

He speaks very quickly, with an American, west-coast, San Francisco accent, and I have heard that he is very impatient. So there's a risk that he might get angry if we use an interpreter, and this is something we'll have to be careful about.

1 「死後3カ月のジョブズ」の霊言にトライする

「ジョブズの霊言を聴きたい」というリクエストに応える

大川隆法 先日(2012年1月8日)、東京正心館で『不滅の法』(幸福の科学出版刊)の講義をしたあと、会場の参加者に「今後希望する説法」等を募ったところ、一番目に「スティーブ・ジョブズの霊言」が出てきました。

　確かに、去年(2011年)10月に亡くなったばかりであり、世界的に非常に有名な人でもあるので、「死後、どうなったのだろうか」という関心を持っている方は多いかと思います。ファンであれば、訊きたいこともたくさんあるのではないでしょうか。

1 Holding a Spiritual Interview with Steve Jobs Three Months After His Death

A Popular Demand for a Spiritual Interview with Steve Jobs

Ryuho Okawa A few days ago (January 8, 2012), I gave a lecture on *Secrets of the Everlasting Truths* (IRH Press Co., Ltd.) at Tokyo Shoshinkan. Afterward, we asked the audience to let us know about new lecture topics that they would like me to talk about, and the number one request turned out to be a spiritual message from Steve Jobs.

It was just last year, in October (the year 2011), that Steve Jobs passed away. He is very famous around the world, so I can imagine that many people are probably interested in what happened to him in his afterlife. I'm sure that his fans have many questions that they would like to ask him.

スティーブ・ジョブズ（1955〜2011）

アメリカの実業家。アップル社の創業者の一人。1976年、アップルコンピュータ社を設立。個人向けのコンピュータを開発・販売して成功を収め、20代で巨富を築く。85年、会社を離れるも、ピクサー社で映画を大ヒットさせ、97年、アップル社に復帰。ＣＥＯ（最高経営責任者）となり、ｉＰｏｄなど、独創的な製品を次々と開発して大ヒットさせた。強い個性を持ったカリスマ性の高い経営者として知られる。

質問者

鶴川晃久（幸福の科学専務理事 兼 事務局長）
三宅早織（幸福の科学理事 兼 精舎活動推進局長）
林　洋甫（幸福の科学理事 兼 ＩＴ伝道局長）

〔質問順。役職は収録当時のもの〕

Steve Jobs (1955 ~2011)

Steve Jobs is an American entrepreneur and the cofounder of Apple Inc. In 1976, he cofounded Apple Computer Inc., and developed and sold personal computers which became an immediate success. He became a millionaire in his twenties. In 1985, Jobs was forced out of his company. But over the following years, he produced many box-office hits at Pixar Animation Studios and returned to Apple Computer Inc. in 1997. He became the CEO of the company and created innovative products, including the iPod. He is known as a charismatic executive with a strong personality.

Interviewers

Akihisa Tsurukawa
Senior Managing Director and Director General
Secretariat Division

Saori Miyake
Executive Director and Director General
Shoja Activity Promotion Division

Yosuke Hayashi
Executive Director and Director General
IT Missionary Work Division

※ Interviewers are listed in the order that they appear in the transcript. Their professional titles represent their positions at the time of the interview.

II
公 開 霊 言
スティーブ・ジョブズ 衝撃の復活

2012年1月11日 幸福の科学総合本部にて
スティーブ・ジョブズの霊示